育德生活

——我守望的幸福麦田

林绮芳 著

人民交通出版社股份有限公司

北 京

内 容 提 要

本书主要集结了作者从教30年对课堂教学的点滴体会,其中有工作过程中作者亲自撰写并领衔的教学与教育科研课题成果,有在学校、班级管理、学生德育和融合教育中的实践体会,更有从事教学管理和教育培训工作后对德育教育的个人见解和领悟。这些文字,也见证了作者不断改变、不断成长、重塑自我的历程。希望这些文字能给读者一些启发和思考,坚守初心,在教育的路上坚定地走下去。

图书在版编目(CIP)数据

育德生活:我守望的幸福麦田/林绮芳著.—北京:人民交通出版社股份有限公司,2019.10

ISBN 978-7-114-15876-6

Ⅰ.①育…　Ⅱ.①林…　Ⅲ.①德育工作—研究　Ⅳ.①G41

中国版本图书馆CIP数据核字(2019)第228343号

Yude Shenghuo——Wo Shouwang de Xingfu Maitian

书　　名:育德生活——我守望的幸福麦田
著 作 者:林绮芳
责任编辑:张一梅
责任校对:赵媛媛
责任印制:张　凯
出版发行:人民交通出版社股份有限公司
地　　址:(100011)北京市朝阳区安定门外外馆斜街3号
网　　址:http://www.ccpcl.com.cn
销售电话:(010)59757973
总 经 销:人民交通出版社股份有限公司发行部
经　　销:各地新华书店
印　　刷:北京虎彩文化传播有限公司
开　　本:787×1092　1/16
印　　张:9
字　　数:204千
版　　次:2019年10月　第1版
印　　次:2019年10月　第1次印刷
书　　号:ISBN 978-7-114-15876-6
定　　价:25.00元

前　言

本人从教至今已整整30年，风雨兼程、不忘初心、坚守教坛，所述所思均来自本人在教育一线积极探索所获得的草根式研究成果。

1989年7月，本人来到偏僻的广州长洲岛上的市八十四中学，开始了教师生涯。坚守在岛上的学校教书20年，用那句“耐得住寂寞才能不寂寞”的名言来形容自己，真的一点儿也不为过。由于学校地理位置偏僻，加之交通落后，那些从市区分配来的老师陆续调回市里工作，当时的广州市第八十四中学高中部学生少、班级全，本人担任少先队辅导员，作为一个工作没两年的新教师一下子被推上了重要岗位，连续三年带高中三个年级三个班的政治课教学，既带会考又带高考。那几年，几乎每天都在声音嘶哑中度过。尽管如此，这段经历依然是本人职业生涯中最为难忘的印记。

新课改的号角响起，本人开启了教研提升专业水平之路。因为严谨的工作态度和专业能力的提高，1999年，本人走上了管理岗位，成为一名行政管理干部。从德育副主任到人事干部，再到德育和教学副校长、书记、校长的岗位，不仅得到了锻炼成长，教育理念也初步形成。

30年时间里，除了繁忙的教育教学管理工作之外，本人还笔耕不辍。既有科研课题的成果，也有教育教学一线的草根式探究；既有办学思想的思考与总结，也有闲时读书心得体会；既有育人工作的体会，也有教育培训工作的收获和反思，更有自身专业能力不断升华的感悟。

不负韶华，三十有为。期望自己能顺势而为，以此为起点，为教育事业再立新功。

幸福的教育生活，从守望幸福的麦田开始……

作者

2019年8月

目　录

第一章 教坛实践

课堂教学，一直是本人坚守的主阵地。从教30年，工作中总会碰到这样那样的困难，本人认为自身理论功底还不够深厚，静下心来撰写教学论文的机会也不多。但不管怎样，引以为豪的是，本人一直没有离开心爱的课堂（借调教育局一年除外）。以下公开发表或获奖的5篇教学论文，既有一定的理论支撑，有哲学式的思考和教学行为的德育渗透，也有本人深耕课堂教学，对课堂教学做草根式研究的范例。

"ARCS"动机设计模型在中职德育课教学中的应用

——以《哲学与人生》课堂教学为例

摘　要：德育课要适应国家和时代发展的要求，培养学生的职业精神，从而符合企业的用人需求，就应首先针对课堂教学的有效性做深入的研究实践。我们尝试从激发课堂学习动机入手，以"ARCS"的动机设计模型理论为指导，将德育教材的内容与学生的社会生活进行有机整合，在二年级德育课《哲学与人生》中开展课堂教学有效性的研究，达到提高德育教学有效性、实效性的目的。

关键词：中职德育课价值　"ARCS"的动机设计模型　课堂教学　德育课实效性

2015 年 1 月，教育部正式实施《中等职业学校德育大纲(2014 年修订)》，其中规定："中等职业学校德育课是学校德育工作的主渠道。"并指出，德育课"要紧密联系实际，坚持以价值观教育引领知识教育，改进教育教学方法，注重实践教育、体验教育、养成教育，做到知识学习、情感培养和行为养成相统一，切实增强针对性、实效性和时代感"。德育评价更加完善，要"建立健全行业企业、用人单位、学生家长等深度参与的德育评价机制"。上述规定，直指中职学校人才培养亟须解决的几个关键问题：一是要加强中职德育课的地位，它是学校德育的主渠道；二是德育课教学要解决理实一体、学用结合、知行合一的问题；三是对课堂教学的方法改进与目标定位问题提出具体指引，主要是增强德育课的"针对性、实效性和时代感"。

由于生源和教师素质、学校与教育管理、家庭教育、社会低认同等原因，职校课堂教学的实效性一直没有得到很好解决。在课堂上，学生的学习基础、思想态度、行为习惯上的问题，又成为阻碍其技能学习的因素，并进而导致学生职业认同感、职业态度、就业素质都无法得到企业和社会的认可，这是一个恶性循环。

从德育课的地位和其对学校德育的影响来看，提高德育课的实效性，可以在较大程度上改善职业学校各种德育问题。因此，职业学校德育问题的症结，最终还是要回到课堂的有效教学中去解决。

华东师范大学崔允漷教授认为，所谓有效(教学)，主要是指通过教师在一段时间的教学之后，学生所获得的具体的进步或发展，也就是说，学生有无进步或发展，是评判教学有没有效益的唯一指标。因此他认为，如果学生不想学或者学习了没有收获，即使教师教得辛苦也是无效教学。美国教育学家加里·鲍里奇则直接提出了有效的具体教学行为。他认为，有效教学有五种关键行为：清晰授课、多样化教学(学习材料、设备、展示方式以及教室空间等)、任务导向、引导学生投入学习、确保学生成功率，这五种关键行为本质上也是激发学生学习动机的教学行为。因此，中外教育专家都比较认同的一点是，必须从激发学生课堂学习动机入手，探讨课堂有效教学的问题。

从遵循教学规律和职业学校课堂教学的实际出发，我认为，解决德育课堂教学实效性、有效性问题，需要以解决学生的学习动机问题为前提。有心理学家认为，学习动机强的学生，唤醒水平高，注意力集中，容易为学习做好准备，从而较容易发生学习行为。可以说，激发学生的学习动机，是解决中职德育课堂教学低效问题的重中之重。

动机来源于人的需要。美国心理学家马斯洛对人的需要分为七个层次。所以，既然人的需要是多层次的，也决定了人的动机是多层次的。

一 "ARCS"的动机设计模型

"ARCS"的动机设计模型是美国心理学教授凯勒设计的学习动机模型。该理论认为，教师的有效教学应包括 Attention（专注）、Relevance（关联）、Confidence（信心）和 Satisfaction（满意）四类动机策略，由此可以较好地激发学生在课堂学习中的动机。"ARCS"的动机设计模型如表1所示。

"ARCS"的动机设计模型　　表1

类　型	目　标	方　法
专注	知觉唤醒	如何激起兴趣点？
	激发探究	如何激发探究？
	获得变化	如何维持注意力？
关联	熟悉性	教学如何与学生已有经验建立连接？
	动机匹配	如何通过策略把教学与学生学习需求匹配起来？
	目标定向	如何才能较好满足学生需要？
信心	期望成功	让学生知道教师有何期望？
	挑战情境	如何让学生感受到成功？
	归因方式	如何让学生获得积极的自我评价？
满意	自然结果	如何通过情境激发动机？
	积极结果	如何强化学生成功感？
	公平	怎么保证评价的公平性？

凯勒教授认为，专注、关联、信心、满意是一个整体，缺少任何一个要素，都可能会使学习者丧失学习动机。因此，我们开展课堂教学设计，就要充分考虑这四个要素，忽略任何一个要素，都可能会影响教学效果。

根据凯勒教授的理论，我们试图从相关动机策略来设计课堂教学，提升教学有效性。

二 "ARCS"的动机设计模型在《哲学与人生》中的实践研究

（一）以《哲学与人生》为起点，进行学习动机研究的初衷

从学习动机入手，对《哲学与人生》进行有效教学的实践研究，一是因为《哲学与人生》在学生人生成长中的作用是其他课程无法代替的，它对学生认识、解决人生问题，启发学生思维与行动的智慧，初步构建学生的世界观、人生观、价值观，具有非常重要的意义。二是该课程知识结构和体系相对比较严密，知识和原理较之于其他德育课程也更为抽象，教师在开展教学活动过程中如果不注重方式方法和内容的整合，就很难有效地开展教学。三是通过创造性的实践活动，更能激发德育教师主动提高专业水平和科研意识，并且为开展其他德育

课程的改革提供了可以借鉴的科研路径和实践经验。

（二）运用“ARCS”的动机设计模型，对《哲学与人生》进行有效教学的实践研究的原则

在研究中，教师始终要贯穿这几个要素：一是师生之间、生生之间的合作式学习，二是通过行动把所授知识融合于实际生活或者工作实践中，在实践中获得知识，又在实践中感悟知识和运用知识。三是行动导向教学呈现方式是多种多样的，以教学内容和学生学习能力实际来开展设计与组织，并以此为基础整合课程内容。四是学生在学习中应实现主体地位最大化，也就是说，学习的过程和评价方式由学生完成，教师只是起到行动中的组织者、督促者和对话伙伴的作用。五是通过团队拓展活动把哲学知识与生活感悟融合在一起。

下面，笔者以北师大版中职学校二年级教材《哲学与人生》第六课第一框题《正确认识和学会处理矛盾》（本课已经过笔者对教材内容的整合）为例谈谈对该模型的实施路径。

1．“注意”策略实施

美国教育学家坎贝尔教授认为，学生升到高年级阶段，内隐学习越来越多，外显学习越来越少。由于缺乏机会活动、参与学习，在教学需要被动而抽象的学习过程中，许多学生都缺乏学习动机。在课堂上，身体的活动使学生集中注意，通过身体的神经编码—肌肉编码学习能增强记忆。

因此，激发学生注意力是激发学习动机的第一要素。如何激发学生注意力？加德纳在他的多元智能理论中，就非常强调运动智能的作用，他认为，运动智能是人类认知的基础，因为它来源于我们体验生活时所获得的感官经验。

在中职德育课堂中，笔者非常注意运用运动或游戏活动来构建与传统教学不一样的教学情境，从而吸引或者持续学生的注意力。例如在“矛盾”一课中，我以“心心相印”的拓展游戏获取学生的注意力。以二年级学生的能力而言，他们对哲学概念“矛盾”是比较难以理解的。因此通过该游戏以及分享交流活动，获取学生注意力只是一种手段，其真正的目的是让学生用自己切身的参与去感知：输与赢、快与慢、合作与非合作、作用力与反作用力等相辅相成的关系。这种以学生喜闻乐见的方式，通俗易懂地突破了“对立统一”的教学难点。

教学过程中，随着教学内容逐渐深入和时间的延长，学生的学习注意力呈现下降的趋势，笔者能时刻运用不同的方式：以3分钟为限度，以唱歌或者某种短时的运动，尽快消除学生的疲倦，保持持续的学习力。在严肃的教学过程中增加1～2次这类活跃课堂氛围的活动，常常能为师生提供教学的乐趣和值得记录的学习经验。

通过一连串的“注意”策略的设计，实现了知觉唤醒、激发探究和获得变化的目标。

2．“关联”策略建立

凯勒教授认为，所谓关联，就是指教学要与学生的知识背景、个人需求和生活经验联系起来。

在上述课例教学中，笔者通过关于生物链事例中动物间的联系，来论证矛盾的同一性与斗争性之间的关联与区别。通过使用与学生以往学习经验相关的语言、事例、概念等，帮助学生把旧知识与新学习的知识整合起来。布置作业时，笔者从学生实际能力出发，结合即将来临的母亲节，请学生撰写“三行诗”，在其中适当呈现今天所学知识，用轻松、富有创意的方式充分培养学生学习知识的关联能力。

实际上，在我们平时的教学中，关联策略随时都在运用。例如课例中《医生给猪把脉》

(漫画)、《量体裁衣》(动画片)以及《白马非马》(故事),实际上都是围绕“矛盾特殊性”和具体问题具体分析的知识,不断为学生的学习培养“关联”性思维。

从某种意义上看,小组合作学习都是为了建立人与人的连接:观点的连接、动作的连接乃至思想的连接。这种连接,对改善课堂教学氛围和提高学生学习动机,具有积极的意义。

3.“信心”策略运用

中职生普遍对课堂学习尤其是知识性的学习缺乏信心,所以在教学中建立和保护学生持续性的学习信心尤为重要。在课例中,我不断通过各种方式,激发学生的学习信心,维持学生对学习的渴望和热情。在上面的课例中,我改革了德育课堂教学的评价方式,从而达到激发学习信心,维持注意力持久性的目的。实际上,教学评价始终是教学有效性最终成败的关键,对保证学生学习行为的发展与持续,有着重要意义。为此,通过兼顾平等与开放的原则,以学生的学习兴趣为激发点创设评价方式,就显得尤为重要。根据“生活德育”的理论,“合理需要的尊重与满足是人德性生成的基础和原动力”。所以,在德育课要实现“合理需要的尊重和满足”,除了关注课堂教学中,学生通过一定的评价方式获得自身的尊重与满足外,更重要的是让他们懂得将来入职后,要面对怎么样的环境,以此促使学生树立正确的价值观和人生观,使价值观教育在“无痕”中进行。例如,以扑克牌数字作为分数,每次课堂的小活动后让学生随机抽取扑克牌作为小组分数,每个月进行小计,对在分数上有优势的组进行适当的鼓励。可以说,抽取的扑克牌的数字作为分数,既满足了学生的需要,也引起了学生极大的学习欲望与参与动机,团队合力及积极挑战各种学习情境的意识明显增强。评价方式的改变,也让学生学会归因:任何成功的获得都是人生机遇、勤奋努力与团队合作三者的结合,要学会坦然面对各种人生挑战,并能持续保持积极的人生信念。“牌如人生”,这其实也是一种教育,它对于引导学生学会充满信心地面对生活的种种机遇与困境挑战,有着潜移默化的教育效果。

评价方式的改变,让期望成功、挑战情境和归因方式等原则逐一得到实现。

4.“满意”策略实现

模型中,满意的策略就是让学生“感受到学习的价值、学习的快乐,让他们在学习中获得满足”。实际上,我们的教学常常有意无意通过各种教学活动来实现这个策略。如何实现“满意”中的“自然结果”?相关理论认为,提供展示的机会,让学生在一种模拟情境中运用新习得的知识或技能,这是学生内在学习动机激发的重要手段。课例中,笔者让学生学会运用相关“矛盾”的知识,解析古代的各种成语,让学生在知识的运用中,认识到生活中处处有哲学。当然,在教学过程中,教师和善、鼓励的语言,辅之以“扑克牌”评价,对实现“积极的结果”和学生的公平感的产生,是不可缺少的一环。

按照“ARCS”的动机设计模型开展课堂教学的流程图(图1)。

相关教学反思

强调通过动机模型激发学生获取新知识、新经验的积极行为,实现有效德育,就是为了让学生从中自主探究、实践应用,自己去感知和理解知识产生和发展的过程,学会提出独到见解、设想与做法。在激发学生求知欲望,鼓励学生独立思考、积极探索的同时,拓宽学生学习的视野,培养创造性思维和良好的学习习惯,更重要的是,改善学生的行为与思维习惯,培养良好的职业品质和对人生的自信心。实际上，通过两年教科研式的教学实践，教师在收获专业成长的同时，学生对每一堂德育课的热切期盼以及学科知识的愉快获取，是教师幸福的最大根源与动力。这也是中职学校德育课改的根本所在。

1.拓展破冰—活动(背夹球游戏)引领吸引兴趣 ——▶以“注意”为主，渗透“信心”

2.小组讨论—探讨(狼与鹿的故事)分享引出新知 ——▶以“关联”为主

3.探究与分享—建立情境构建知识 ——▶以“关联”为主，渗透“信心”

4.学生活动—打破节奏改善注意力 ——▶以“注意”为主

5.合作探究—深化理解不断掌握 ——▶以“关联”为主，渗透“满意”

6.学习小结—总结归纳把握重点 ——▶以“关联”为主，渗透“信心”

7.作业布置—活学活用学会做事 ——▶以“关联”为主，渗透“满意”

图 1 “ARCS”的动机设计模型下的课堂教学流程

参考文献

[1] [美]坎贝尔，等. 多元智能教与学的策略[M]. 王成全，译. 北京：中国轻工业出版社，2001.

[2] [美]加里·D. 鲍里奇. 有效教学方法[M]. 易东平，译. 南京：江苏教育出版社，2002.

[3] 崔允漷. 有效教学[M]. 上海：华东师范大学出版社，2009.

[4] [美]罗伯特·斯腾伯格，路易斯·斯皮尔-史渥林. 思维教学：培养聪明的学习者[M]. 赵海燕，译. 北京：中国轻工业出版社，2011.

[5] [美]理查德·I. 阿伦兹，丛立新，马力克·阿不力孜. 学会教学[M]. 9 版. 张建桥，译. 北京：中国人民大学出版社，2016.

[6] 赵志群. 职业教育与培训学习新概念[M]. 北京：科学出版社，2003.

[7] 赵志群，白滨. 职业教育教师教学手册[M]. 北京：北京师范大学出版社，2013.

[8] 姜大源. 当代德国职业教育主流教学思想研究——理论、实践与创新[M]. 北京：清华大学出版社，2007.

[9] 徐国庆. 职业教育课程论[M]. 上海：华东师范大学出版社，2008.

[10] 皮连生. 学与教的心理学[M]. 上海：华东师范大学出版社，2011.

[11] 汪凤炎，等. 德化的生活[M]. 北京：人民出版社，2005.

(《“ARCS”动机设计模型在中职德育课教学中的应用研究》2016 年 8 月发表在《广西教育》(ISSN0450—9889)2016 年第 8 期。)

在《哲学与人生》中开展行动导向教学的模式研究

摘　要：德育课要适应时代发展的要求，尤其是从培养学生职业精神的需求出发，我们尝试以行动导向教学在二年级德育课《哲学与人生》中，开展教学模式实践性研究，将德育教材的内容与学生的社会生活进行有机整合，开展生活化、校本化德育课的教学改革，以此促进德育课堂教学有效性。

关键词：行动导向教学　德育课生活化　教学模式　实效

 对《哲学与人生》开展研究的意义

作为教师首先应有这样的基本认知，即任何教学活动都不应该是用教科书对学生进行简单的传递和灌输。然而，这种方式对教师来说，却最节省人力资源成本。由于众所周知的原因，绝大部分职业学校的学生，对应试教育有着接近于天性般的抗拒与反感。所以，在中职课堂上，我们看到的一个普遍现象就是：凡是照本宣科或者脱离学生实际学习水平和能力的满堂灌，学生睡倒（或者开小差）一大片的概率几乎是100%。这种情况普遍存在于公共基础课和专业理论课。

如何改进德育课堂生态，让学生在德育课堂"动起来"、让德育课堂"活起来"，最大限度地贯彻"贴近学生、贴近实际、贴近生活"的原则，我们按照新修订的《中等职业学校德育大纲》中明确提出的德育课应"紧密联系实际，坚持以价值观教育引领知识教育，改进教育教学方法，注重实践教育、体验教育、养成教育，做到知识学习、情感培养和行为养成相统一，切实增强针对性、实效性和时代感"的显性要求，以及"为专业和岗位职业能力提升服务"的隐性要求，以二年级德育教材《哲学与人生》为试点，引入行动导向教学模式，对德育课的教学组织形式和教学内容适当整合开展研究，探索把"德育"学习融入学生"生活"的最佳方式的研究，开展《哲学与人生》课堂教学的生活化、实践化的构建。这也是我们进行课型改革的立足点。

对《哲学与人生》进行行动导向教学的实践研究，一是因为《哲学与人生》在学生人生成长中的作用是其他课程无法代替的，它对学生认识、解决人生问题，启发学生思维与行动的智慧，初步构建学生的世界观、人生观、价值观具有非常重要的意义。二是《哲学与人生》的知识结构和体系相对比较严密，知识和原理较之于其他德育课程也更为抽象，教师在开展教学活动时，如果综合能力上有所欠缺，或者教学内容与学生实际差距过大，就难以很好地开展教学，因此，对该教材在原有基础上加以重新进行"调整、加工和创造性开发"，可以为提高教学有效性提供一个好的起点。三是德育教师通过创造性的实践活动，对《哲学与人生》这个德育课的重点教材进行课改，更能激发教师主动提高专业水平和科研的意识，并且为学校德育教师开展其他德育课程的课改，提供了可以借鉴的科研路径和实践经验。

二、对《哲学与人生》课堂教学模式研究的思想起点

把“德育”学习融入学生“生活”的最佳方式的研究，开展《哲学与人生》课堂教学的生活化、实践化的构建，其核心理念来自陶行知先生对生活与教育关系的表述。陶行知先生早在20世纪30年代就提出了他最著名的观点之一“生活即教育”。他认为，生活教育是以生活为中心之教育。生活与教育本为一体。自从人类出现以来，社会即是学校，生活即是教育。教育的根本意义是生活之变化。生活无时不变，即生活无时不含有教育的意义。从陶行知的理论出发，我们应该认识到，离开生活的德育将会导致道德教育的抽象化、虚幻化，并也会使这种教育流于形式主义和假大空。

在解决了为什么而出发的问题后，归根结底是要解决在《哲学与人生》教学中，如何生活化地开展课堂教学的问题。

认知心理学认为，高级心理过程的发展，需要经过社会协商和相互作用。所以建构主义学习观建议，面对复杂的学习环境和真实的学习任务，应该重视合作方式的学习，并运用多种方式表现教学内容，通过一系列教师指导下的知识建构过程，使学生能够做到在尊重他人主张的同时，以自我批判的方式选择、发展和维护自己的主张。

同时，杜威的实用主义知识观和教育理论也认为，“知识是行动的过程和行动的结果，探究与反思都处于行动的过程中。知识是行动的知识，是实践的知识……知识的价值在于引起有益的行动结果，获得知识必须通过人的行动。求知即行动(to know is to do)，在做中学(learning by doing)”，这也更进一步为行动导向教学模式提供了理论支撑。

因此，在职业教育领域，学者们根据建构主义和实用主义相关理论，提出了行动导向教学模式。所谓行动导向教学，就是通过师生共同确定的行动产品引导学生，学生通过主动和全面的学习，达到脑力劳动和体力劳动统一的学习。学习行动是为达到学习目标而进行的一种有意义的行动。

此外，按照现代管理学理论，建立企业文化最好的方式，就是开展团队管理。所以，在德育课堂上，结合所学知识开展初步的职场合作能力和团队意识的培养，也符合职业教育规律和要求。

综上所述，在《哲学与人生》课程开展行动导向模式的实践研究中，始终贯穿这几个要素：一是师生之间、生生之间合作式地学习。二是通过行动的产品把所授知识融合于实际生活或者工作实践中，在实践中获得、感悟和运用知识，即求知即行动(to know is to do)，在做中学(learning by doing)。三是行动导向教学呈现方式是多种多样的，根据教学内容和学生学习能力来开展设计与组织，并以此为基础，整合课程内容。四是学生在学习中应实现主体地位最大化，也就是说，学习的过程和评价方式由学生完成，教师只是起到行动中的组织、督促者和对话伙伴作用。五是通过团队拓展活动，把哲学知识与生活感悟融合在一起。

可以总结出我们开展实验活动的思想起点，就是通过行动导向教学模式的方式，打破原有课堂教学与组织方式，改善课堂生态，以学生喜欢和擅长的方式理解和掌握技能，并在学习活动中帮助中职生学会参与、学会合作，在积极参与与合作中培养包容、积累、坚韧、奉献等道德品质和良好的职业操守。简而言之，就是对这些中考的所谓“失败者”，用适合他们的

方式组织学习活动，用适合他们的方式促使其成长，从而学会适应职场要求、

课程改革实例研究

如何最大限度地激发学生在积极探究世界的本质基础上，学会用马克思主义哲学基本观点和方法学会做事，并在做事中学会做人，更有效地提高学生学习兴趣，通过兴趣激发学生行动，促进学生学习动机的生成，并能在学习实践中学有所悟、学有所行。

以《正确认识和学会处理矛盾》一课为例，笔者是这样实施课程的。

（一）团队破冰——活动引领吸引兴趣

拓展游戏：心心相印。

比赛要求：略。

比赛场地：学校篮球场。

比赛评价：第一名四次抽牌机会，第二、三名三次抽牌机会，第四、五名两次抽牌机会，第六名1次抽牌机会。

（二）小组讨论——活动分享引出新知

团队的力量是无穷的，在团队里，每个人的存在都是以对方为依存的，即你中有我、我中有你。互相对抗又互相支持才能让整个团队顺利前行。

事物具有两面性：成功与失败、先与后、快与慢等。

尊重规则、才能事半功倍。

一分为二看问题、一分为二解决问题。

引出课题：矛盾推动人生发展。

介绍课题：矛盾是事物发展的动力（改为正确认识和学会处理矛盾）。

（三）合作探究——引入案例初步构建

美国有一个自然保护区，原来有许多鹿群和狼群。人们为了保护鹿群，把狼全打死了。鹿群在尽享太平的十年里，由4千只猛增到4.2万只。但舒服的生活使它们运动量减少，体质下降，尔后大量死亡，剩下不足4千只。最后只得请回“狼医生”，狼又捕食鹿了，鹿群又恢复了生机。

（1）狼与鹿之间有关系吗？这种关系有什么特点？

小组探究（略）

（2）为什么狼存在的时候，鹿的数量始终无法增加？

小组探究（略）

（3）为什么狼被捕杀了，鹿的数量还会减少？

小组探究（略）

（四）议一议——发散思维揭示话题

举出生活中的各种现象，谈谈我们身边存在的具有两面性的事物或现象。

（1）事物自身包含的这种既对立又统一的关系就是矛盾。

如何对待处理生活中的苦难和悲伤？

看图说话（教师活动）——深入分析获得认知（图1）。

图1　张三敢剪吗（图片来自高中《生活与哲学》教材）

(2)矛盾的两种基本属性——同一性和斗争性。

实例分析:生物系统和社会系统里的斗争性。

生活里的同一性。

定义斗争性与同一性含义。

(3)生活中处处有矛盾。

其一,不要把辩证矛盾与逻辑矛盾混为一谈。

其二,怕麻烦、怕问题、绕着问题走,都是否认、回避矛盾的表现,这样的心态和行为,对我们会造成很多意想不到的负面影响。(视频《扁鹊见蔡桓公》)

(五)合作探究——深化理解不断掌握

下列成语、俗语或名言各包含什么哲学道理?

(1)居安思危。

(2)有无相生,难易相成,长短相形,声音相和,前后相随。

(3)你中有我,我中有你。

(4)乐极生悲。

(5)公说公有理,婆说婆有理。

(六)合作探究——承上启下启动新知

面对感冒我们该怎么办?

不同的事物有不同的矛盾。

(七)学生活动——打破节奏改善注意力

小游戏(略)。

视频《白马非马》——激发兴趣引出新知。

(1)矛盾的特殊性

《医生给猪打针》漫画。

(2)学会具体问题具体分析矛盾的特点

量体裁衣的故事。

①具体问题具体分析含义。

合作探究——请你想想在生活中有哪些关于简单教条方式处理矛盾的成语?

②做到具体问题具体分析 。

(八)学习小结——总结归纳把握重点

矛盾就是既对立又统一,要学会一分为二看问题。矛盾又是具体和特殊的,要学会具体问题具体分析。

时时有矛盾、事事有矛盾,要学会应对矛盾、解决矛盾,懂得不同的矛盾要善于用不同的方法解决。

(九)作业布置——活学活用学会感恩

教师举关于三行诗的例子。

课外作业:给妈妈写一首“三行诗歌”(建议内容上体现今天学习的矛盾观点)。

四 关于在《哲学与人生》中的“行动导向教学”的模式概述

根据上述案例,对其中的教学行动进行分析,其教学思路如图 2 所示。

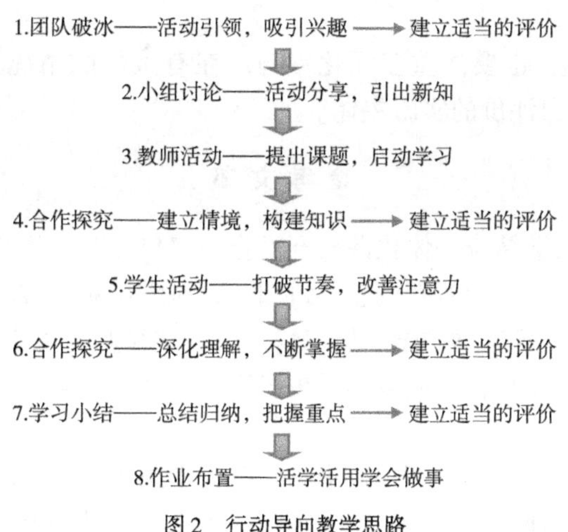

图2 行动导向教学思路

第一，各教学环节功能与方式的界定。

在1和2的环节中，笔者结合哲学中的知识，设计拓展游戏，让学生在游戏活动中，建立起对知识的初步感受。在小组讨论中，教师必须有较强的引导能力，能运用适当的语言，引导学生往新课题上思考，并通过拓展活动渗透职业素养的教育。

在4这个环节中，主要包括各种行动导向教学方式，即使用角色扮演、案例教学、头脑风暴、项目教学等实施教学行为。

在5这个环节中，主要考虑中职学生学习注意力下降的问题，开展适合学生身心特点的小活动或者小游戏，1～2分钟为宜。

在环节6中，以辅助性练习为主，让学生能够得到适度的应试能力。

在8这个环节中，初步解决学以致用的问题，把学习回归到实践中。这是一切教学的目的与归属。

第二，关于教材中相关知识的"调整、加工和创造性开发"问题。建议把脱离学生生活与工作实际的且难以理解的知识点做处理，如"同一性和斗争性关系问题""改造主观世界和客观世界关系问题"。对于学生生活工作比较实用的知识进行深化，如量变与质变的原理在生活中的运用，包括重视量的积累、把握适度原则、注重目标管理等。其简化或深化的准则，以学生在实际生活和工作中运用程度和学生的实际理解能力为依据。通过内容的整合，更充分地体现哲学与人生两者密切的关系。

第三，关于评价问题。实施科学、合适的评价，是教学有效性实现的关键一步，其成败关系到学生学习行为的发展与持续。为此，在评价方式上，既要注重平等性、开放性原则，也要以学生学习兴趣为激发点，创设评价方式。为了进一步激励课堂的学习行为，相关教育理论认为，"合理的尊重与满足，是人类德性生成的基础和原动力"。所以，德育课要实现"合理的尊重和满足"，除了关注课堂教学中学生通过一定的评价方式获得自身的尊重与满足外，更重要的是让他懂得将来入职后会面对怎样的环境，以此促使学生树立正确的价值观和人生观，使价值观教育在"无痕"中进行。例如以扑克牌数字作为分数，每次课堂活动后让学生随机抽取，让学生明白人生机遇、勤奋努力与运气是如影随形的哲学道理。"牌如人生"，这其实也是一种教育，对于引导学生学会淡定面对生活的种种机遇与困境挑战等方面，有着潜移默化的教育效果。

当然,在评价主体上,也要注重多元化参与。在有条件的情况下,学生、教师和其他教师、学校和家长,均可作为评价的实施主体。

参考文献

[1] 赵志群.职业教育工学结合一体化课程开发指南[M].北京:清华大学出版社,2009.
[2] 赵志群.职业教育与培训学习新概念[M].北京:科学出版社,2003.
[3] 赵志群,白滨.职业教育教师教学手册[M].北京:北京师范大学出版社,2013.
[4] 姜大源.当代德国职业教育主流教学思想研究——理论、实践与创新[M].北京:清华大学出版社,2007.
[5] 徐国庆.职业教育课程论[M].上海:华东师范大学出版社,2008.
[6] 皮连生.学与教的心理学[M].上海:华东师范大学出版社,2011.
[7] 汪凤炎,等.德化的生活[M].北京:人民出版社,2005.

(《在〈哲学与人生〉中开展行动导向教学的模式研究》获得广东省职业教育“产教融合”教学改革研讨会论文评选三等奖,并被入编《深化产教融合校企合作,推动中职教育创新发展》一书(ISBN 978-7-5668-1495-1),该文同时发表于《师道·教研》(CN 44-1299/G4)2015年第7期,并获得2015年由广州市中职教学研究会组织的广州市“中职教育产教融合制度创新”成果评比二等奖。)

浅议中职学校德育校本课程开发的行动研究

摘　要：德育课要适应时代发展的要求，尤其是从培养学生职业精神的需求出发，我们尝试以行动研究法开展一系列实践，将德育教材的内容与学生的社会生活进行有机整合，从而展开生活化、校本化德育课的教学改革，以此促进德育课堂教学有效性。

关键词：行动研究　生活化　校本化　德育课改　德育课实效性

一　关于德育课课改的现实意义

中职德育课教材开篇明确说明：新教材对提高中职学校学生的思想道德水平、科学文化素养和职业能力，将起到积极推动作用。毋庸置疑的是，中职学校德育课新教材和课程实施已将近6个年头，对推动各级教研部门和学校德育教师以新课程开展课堂教学改革提升德育实效，起到了积极作用，也取得了不少成效。但我们仍然面对很多挑战。因为中职学校办学已经从过去注重数量与质量并重，到今天要求"深化校企合作、共同开发课程、共同培养人才，走质量立校的内涵式发展之路"，随之而来的就是需要变革人才培养模式。从另一个角度看，对德育教材内容的整合和创新也符合说明中提到的"不断改善与提高"的要求。可以说，德育课程变革与突破有着深刻的时代烙印，它需要与时俱进的变革精神。

从社会现实层面看，尽管国家和地方各级政府出台众多政策和构建机制，鼓励支持职业教育的发展，中职学校也在多个方面努力，希望通过改革教育教学、提升就业质量等举措，增强职业学校的吸引力，但是由于各种主客观原因，依然很难改变这样的事实：中考失败和家庭贫困学生进入职校者逐年增多，中职学校的生源素质逐年下降。与6年前比较，教师所面对的依然是整体知识学习能力较低、对自我评价逐年下降的受教育对象，最近有媒体甚至非常形象且直白地把职业学校形容为中考落榜生的"收容所"。可以说，社会对中职学校的评价，并没有因为我们的不懈努力而有所改善。

面对这些客观存在的事实，我们是悲观失望、消极等待，还是迎难而上、积极作为，显然，作为学校管理者和教师，理应自觉选择后者。这既是使命使然，也是职责所在，更是一种最基本的职业规范和要求。《中等职业学校德育大纲》规定："中等职业学校德育课是学校德育工作的主渠道。"到了今天，这句话仍然在敲打着我们每一位德育课教师，需要我们拿出足够的勇气和积极的心态面对新的问题，理出新的思路，实施新的策略。

二　开发生活化、校本化德育课程的理论依据

从陶行知先生"生活即教育"的理念出发，我们开展相关的行动研究，以此作为我们德育课教改的策略。

对构建"生活化、校本化德育课程"行动研究，其核心理念自来于陶行知先生对生活与教育关系的表述。陶行知先生早在20世纪30年代,就提出了他最著名的观点之一“生活即教育”。他认为,生活教育是以生活为中心之教育。生活与教育是一个东西,而不是两个东西。自有人类以来,社会即是学校,生活即是教育。教育的根本意义是生活之变化。生活无时不变即生活无时不含有教育的意义。从陶行知的理论出发,我们应该认识到,离开生活的德育,将会导致道德教育的抽象化、虚幻化,使这种教育流于形式主义和假大空。

关于“生活化、校本化德育课程”的内容构建,我们非常认同南京师范大学高德胜老师的看法,他认为德育课程开发“要想摆脱脱离生活的困境,在反映儿童学校整体生活的同时,也必须将视野扩大,将儿童的整体社会生活纳入课程,贯通与儿童整体社会生活的关系,为儿童反思、整理自己的生活提供专门的时机与引导”。所以,我们在行动中比较注重把校外教育资源和道德元素整合到德育课堂中,以此增强德育教学的实效性。

从研究的方法论来看,德育主要是教授做人的道理,改善人的行为习惯,所以德育研究必须回归生活。在实践和生活中研究,应成为开展德育课程改革的根本研究方法。行动研究法也就顺理成章地成为我们开展研究的方法。根据行动研究法理论,我们以教学实践中的学生与教师为主体,以在实践中遇到的问题为课题,在德育实践中开展课题研究与实践活动。由于“行动研究法适应小范围内对教育改革进行探索性研究,并针对教育活动和教育实践中的问题,在行动研究中不断地探索、改进和解决教育实际问题”,从而有效地促进了我们对德育教材生活化、校本化课程的开发活动。

从另一个意义上讲,校本德育课程的开发,在帮助中职学生的个性发展,获得其职业生涯发展所需要素的同时,更能为教师提供巨大的创造空间,提升教师的专业化水平。布鲁纳说过:“一门课程对教师比对学生更有意义。如果这门课程不能改变、鼓励、困扰以及启发教师,那它对他们所教的学生将不会发生影响。供教师教学用的课程必须是第一流的。如果它对学生有什么影响,它势必凭借对教师已经产生的影响而表现出来。”课程改革让德育课教师不但能在实现德育课教材的教学目标和创造性开发教材中找到积极思考、积极研究的内驱力,还由于用自己开发出的学生感兴趣的课程来授课,可以更为有效地克服职业倦怠。

三 关于我们在课改中的行动研究

德育课教学要适应时代的变化,顺应教育规律和人的发展规律,让德育课教学模式回归实际、回归生活、回归学生,应该是恒久不变的主题。为此,我们目前以行动研究法开展初步尝试,对德育教材的相关知识进行重新整合,以所有适合学生教育的、以人的职业发展脉络所需要的知识和能力为基础,并将各种资源整合后,融入教学中,进行德育教材的课程化、校本化的开发,以此解决德育课教学的针对性、生活性和实效性问题。目前这一尝试对于激发学生学习德育课的积极性,培养合作精神和职业精神,均起到了积极作用。

(1)以实践专家访谈为起点,探究人的职业生涯必备的做人基本规范。为了更好地研究人所需要的基本职业礼仪和行为习惯,我们以实践专家访谈会的方式进行确定,并作为课程内容构架的实证基础。我们请来了资深的教育专家、企业工程师、企业人力资源经理、优秀毕业生代表等召开会议,在主持人的启发下,以头脑风暴的方法,让与会者分享各种有代表性的交往经历和从中获得的人生经验,以此探究人生发展过程尤其是职业生涯中应该具备的基本职业习惯、职业礼仪等职业素养和能力。

（2）以项目为单元基础，模拟学生熟悉的真实生活与职业情境。我们将德育统编教材中以单元为基础呈现知识的方式，改变为以一个个项目和小任务的方式呈现教育情境，模拟生活与工作情境下的德育环境。以第一单元《习礼仪、讲文明》为例，我们以“生活中的礼仪”和“职业中的礼仪”为项目，以尊老、宿舍、邻里、访友、迎宾、接电话、握手、仪容仪表、着装等一个个生活和职业情境构建小任务，让学生在其中了解礼仪与文明的意义，学会待人接物的基本规范。

（3）以学生校内外活动资源为内容，拓宽课堂空间，多元视角构建德育课校本课程。例如，我校已经连续参加了九届的南海神庙祭海仪式，一体化教学中的晨会教学以及企业文化等都已经纳入了我们德育课校本教材里。为了进一步开展礼仪教育，我们还构建了以校园生活为素材的健美操德育课程，把德育和心理健康教育融入体育文化中，把德育课题带到运动场上。这样的德育活动课程，既为学生所需要的基本身体素质和良好气质的养成提供了土壤，也是一种帮助学生在生活中学会发现美、享受美、创造美的生活化、校本化的和谐德育。可以说，在《职业道德与法律》教材中要求懂得“展示风度翩翩的形体姿态”的知识教育，在我们这一生活化、校本化德育课程的实施中，得到了最大体现，基本实现了“贴近学生、贴近实际、贴近生活”的原则，有效德育得以初步实现。

（4）构建小组合作学习模式，培养职业合作习惯与意识。在教学过程中，我们认为德育课堂需要构建小组合作学习模式。这种构建既有现实的需要，也有实践的依据。从真实的职业工作环境看，现代化大生产需要团队合作，才能完成一个复杂的工作任务。从实践看，在中职学校德育课堂上构建小组合作学习的模式，有利于教学目标的顺利实现。在实施上，我们在接手新生的第一堂课时，就以不同的方式将全班学生随机分成若干小组，每个小组不多于 7 人。随机分布是为了让不同性格、兴趣、能力的学生互相交流，每组限制人数是为防止个别学生习惯性地滥竽充数。尽管小组合作学习方式也有可能陷入“自由化、形式化和依赖性”的泥潭，但实践证明，它在创造平等参与机会、培养团队精神和养成与他人互助合作的工作品质上具有的优势，远远超过其不利因素。

（5）改革评价方式，激发参与意识，学会感悟人生。实施科学、合理的评价，是教学有效性实现的关键一步，它的成败关系到学生学习行为的发展与持续。因此，在评价方式上，既要注重平等性、开放性原则，也要以学生的学习兴趣为激发点，创设评价方式。为了进一步激励课堂的学习行为，相关教育理论认为，“合理需要的尊重与满足是人德性生成的基础和原动力”。所以，德育课要实现“合理需要的尊重和满足”，除了关注课堂教学中学生通过一定的评价方式获得自身的尊重与满足外，更重要的是让他们懂得将来入职后需要面对怎么样的环境，以此促使学生树立正确的价值观和人生观，使价值观教育在“无痕”中进行。例如，以扑克牌数字作为分数，每次课堂活动后让学生随机抽取让学生明白人生机遇、勤奋努力与运气是如影随形的哲学道理。“牌如人生”，这其实也是一种教育，它在引导学生学会淡定面对生活的种种机遇与困境挑战方面，有着潜移默化的教育效果。

当然，在评价主体上，也要注重多元化参与。在有条件的情况下，学生、教师和其他教师、学校及家长，都可以是评价的实施主体。

综上所述，我校德育课程校本化实质上是在现有德育教材基础上，以区域文化、实践性教学、学生真实生活与学习情境、校园文化活动等丰富资源有机结合而进行的生活化、校本化德育教材的开发过程,是建立在“三贴近”原则下的德育科研活动,是为学生终身发展奠基的一次有益的德育探索,必将对我校学生的德育工作产生深远影响。

参考文献

[1] 赵志群,白滨.职业教育教师教学手册[M].北京:北京师范大学出版社,2013.
[2] 钟启泉.现代课程论[M].上海:上海教育出版社,1989.
[3] 崔允漷.校本课程开发:理论与实践.[M].北京:教育科学出版社,2000.
[4] 詹万生.中小学德育课程改革与创新[J].教育研究,2003(1):48-51.
[5] 汪凤严,等.德化的生活[M].北京:人民教育出版社,2005.
[6] 卢务全.发展性课堂教学评价研究[R].广州市教育局教研室,2003.

(《浅议中职学校德育校本课程开发的行动研究》获广州市2014年中职德育学术年会三等奖,发表于《师道·教研》2014年第10期。)

共同活动、共同评价,促进学生思维与学习能力的发展

摘 要:传统的教学评价视角狭隘、方法单一、方式单调,过分强调评价的甄别功能,不利于学生的成长和教师的发展。针对这些弊端,结合活动课教学的特点,本文探讨了在活动课教学中,通过构建发展性评价策略,改善学习方式,让学生在活动过程中充分拓展思维,从而形成自我认识、自我教育和自我进步的能力。

关键词:政治活动课 发展性评价 发展思维和能力

一 问题的提出

2002年新修订的初三《思想政治》教材,增加了活动课的教学环节,开拓了学生思维发展的空间,以此提高学生的实践和创新能力。活动课包括“教学内容的概括与理论阐述”“资料或典型事例”“活动设计和要求”三大方面的内容,帮助学生增强实践活动能力,形成良好的思维习惯,使学生学会从自己的学习和生活中提出、分析并解决问题,从自己的实践和体验中获取知识,提高学习能力的目的。随着活动课的实施,如何通过教学过程以及合理、科学而有效的评价,促进学生思维与能力的发展,是我们在教学过程中需要解决的重要问题。为此,我们意识到,确立有价值的评价策略,打破了原有学科教学的封闭状态,把学生置于一个动态、开放的学习评价环境中,成为活动课课程、教学的一个有机构成环节,给学生提供表现自己所知所能的各种机会,通过评价让学生在活动过程中形成自我认识、自我教育和自我进步的能力,最终使活动课实实在在地提高学生实践能力,发展思维,达到“积极、主动、创造性的学习的目的”。

二 研究的理论基础

(1)《基础教育课程改革纲要(试行)》中指出:要“建立促进学生素质全面发展的评价体系”。我们认为,对于学生而言,“发展”就意味着成长。因此,教学实践让我们相信,通过初三政治活动课正确评价策略的确立,能让学生得以成长。一方面,它不应以学生掌握书本知识为终结,而是以学生灵活运用知识、迁移能力为目标,这过程中应包含着学生心灵、思想的唤醒与潜能的挖掘,这就是成长与发展;另一方面,由于学生是在教师的引导下、在与他人的合作中成长,从而学会与他人进行着信息的共享、思维的共振和情感的共鸣,这也是一种成长与发展。

(2)活动课作为一种具有探究性质的课程,在实施的过程中,一方面,与传统的教学模式相比,学生的主体作用明显增强,这主要体现在:学生从原来在课堂上接近被动地接受由教师讲授的已归纳成章的理性知识,到现在通过学生自己的亲身体验、主动研究、勇敢探索,从活动中获取大量的第一手感性知识,并在其中学会“自由感知、自由发现、自由运用”。这样的学习方式,让学生容易产生创新的火花,激发学习的动力。另一方面,从表面看,平时以

“传道、授业、解惑”为己任的教师，在这里好像只是起到组织、督促的作用。其实不然，在活动课的过程中，必不可少的是教师还要充当评价者的角色，除了前面所述的引导学生选择好研究内容之外，更重要的是在实施操作的过程中，充当学生的“幕后军师”，指导学生建立相应的评价指标。通过教师教授和学生学习的状态和进程，在参与活动课过程中“发现价值、判断价值、提升价值”，从而成功地完成研究任务。

(3)多元智能方面的理论认为，智力是“在一定的社会文化背景下，个体用以解决实际遇到的问题的能力和生产及创造出社会所需要的产品的能力”。它所倡导的多元、开放、尊重文化差异和个体差异的智能观和教育理念，给我们开展活动课以深刻的启示，即必须尊重个体差异，尽量满足不同层次学生的不同需求，为每个学生的个性思维与能力发展，提供广阔的空间。传统的教学评价手段单一，以考试与测验为主，过分追求考试分数，完全忽视学生个体的差异性，不仅无法满足学生丰富个性的需要，而且违背了学生的认知规律，即忽视了学生的内化过程，最终教师的努力往往是徒劳无益，而且这种教学形式助长了学生的厌学情绪。因此，从尊重人的生命发展需要出发，从促进不同个体多元智能的挖掘和发展出发，我们的活动课应建立多元的发展性评价标准。

(4)从唯物辩证法角度来看，任何事物都应该是变化发展的。政治活动课作为一种新事物，如果还沿用传统教学评价方法，显然是不现实也不合时宜的。因此，从变化的情况出发，建立活动课发展性评价，是政治课重现生命力、实现德育功能的根本性途径。

(5)从当前中考命题的变化来看，发展学生思维与学习能力，是提高学生应试能力的需要。近几年的中考命题设计，对学生思维发展、联系生活和社会的开放性试题明显增多。活动课课程设置，恰恰为学生构建了一个开放性的学习环境，让学生从自己的学习和生活中提出问题、分析问题、解决问题，从自己的实践和体验中获取知识、提高能力，从而形成一种良好的学习方式，培养开放性的思维。因此，如何开展活动课教学及构建发展性评价，对促进学生良好思维养成与学习能力的提高，并在开放式的考试中出奇制胜，取得优异的成绩，无疑会起重要的作用。

对活动课的总体构思与实践

活动课的总体构想见表1。

活动课的总体构想 表1

课　程	活动课名称	活动形式
第一课	1. 独领风骚的中国古代科技文化	手抄报
	2. 社会主义事业在曲折中前进	知识竞赛、专题知识讲座
第二课	3. “三个代表”，中流砥柱	查找资料，看录像
	4. “一国两制”：实现祖国和平统一	看录像、查资料、做“画配诗”
第三课	5. 守护我们的家园	查资料、看录像、长洲岛环境实践调查、请专家讲课、访谈、写感想、成果展示
	6. 新时期最鲜明的特点是改革开放	查资料、看录像、改革开放社会实践调查、访谈、演讲、成果展示

续上表

课　　程	活动课名称	活 动 形 式
第四课	7. 可持续发展的选择	“西部大开发”专题知识讲座
	8. 我们是国家的小主人	将长洲岛环境实践调查活动中得出的结果，评选出解决问题的最佳方案，写成汇报材料，交给有关部门，尝试履行民主监督的权利
	9. 营造美好的文化环境	收集有关材料，以“长洲岛的学生放学之后到哪里去”为题，对长洲岛的文化建设特别是网络建设，提出自己的建议

四 活动课评价方法

我们在活动过程中充分利用各种手段，构建活动课的发展性评价方法。

(1)学生表现性评价：通过观察学生在完成实际任务时的表现，来评价学生已经取得的知识和技能的发展而形成的一种质性评价方法，包括直接表达法(如通过演讲手段)、谈话法(通过同学交流、访谈等形式)、纸质性检测(写活动访谈记录、感想、调查报告、阶段性测试等)对学生进行评价。

表2为我校初三活动课情况记录表，每次活动我们均让学生填写该表，从而使教学随时对学生的活动情况进行评价与跟进(表2)。

活动课情况记录表(学生填写)　　表2

活动课题目：		
活动时间：	第　　次	活动地点：
参加活动成员： 活动内容： ①目的(解决什么问题)： ②形式(小组讨论、访问、实验、查阅资料、实地调查等)： ③过程： ④结果(得到什么结论，解决了哪些问题、是否完成了预定的目标和计划、出现了什么新问题、如何解决等) 记录者：		

(2)实践调查评价法：通过调查方案的制订和调查问卷的设计，让学生在自主设计过程中不断反思、修正、调整。

(3)创造性阅读法：通过对各种有益课外读物阅读，最终产生新的认识，如通过手抄报比赛，时事辩论赛，迎回归、促统一诗歌配图画设计比赛等方式，评价学生的学习情绪、学习状态、学习的效果等。

(4)视觉式技术手段：通过多媒体(包括声、像、语言等)的视觉手段，让学生在展示学习成果的同时，也对学生的成长进行评价；在展示过程中的各种观念、认识、思想、感情的表达，经验的描述等，使学生产生成就感，从而实现对学生的评价。

(5)成长记录袋评价的初步尝试:“学生成长记录袋是指用以显示学生学习成就或学习发展信息的各种作业、作品、成果及其评价的相关记录和资料的汇集。”在评价中,我们将教师的指导、学生的学习活动及评价活动有机结合在一起。我们的具体做法是,以小组为单位,主要是通过纸质性记录和成果展示,对每个小组的成果进行统计和汇集(包括对学生的学业成绩、小组完成的作品、调查方案和调查问卷以及相关的评价、调查活动的感想、活动课情况记录表等),使学生随时对活动进展与成效有较为清晰的了解,也使小组成员对下一阶段的活动树立明确的目标,并做出有效的调整。

五 活动课评价主体

(1)师生互动评价:表现在活动课的顺利进行、师生的情感和谐交流、通过本校的评教评学表等进行互动评价。

(2)自我评价:表现在阶段性小结进行自我评价;通过问卷调查的各类成长指标进行自我反思;通过对自己成长记录袋的检查找出差距,作为前进的动力。

(3)其他评价:在活动过程中,我们也重视其他教师(班主任、其他科目教师与其他学校的教师观摩)、家长的评价,在加强教师间、校际、家校间联系的过程中,我们的活动自始至终受到其他教师和家长的支持,从另一个角度来说,就是对学生参与活动课的肯定性评价。

六 活动课发展性评价策略的功能

经过一学年的初步实践,我们对这一评价策略进行多方面的总结,认为活动课发展性评价策略具有以下功能。

(1)改善学习态度与思考、解决问题方式的功能。我们在组织了《长洲水污染调查》《黄埔变得更美了》等(系列活动课)后,对2003届初级的部分同学进行了调查,其中关于“你认为你在你们小组中起到了什么作用?”这一问题,91.2%的同学认为自己是“合作者”;“你认为初三政治课开展活动课对你的学科学习是否有帮助?”这一问题,85%的同学认为“有一些帮助”,10%的同学认为有“很大帮助”;“你在参加各种活动课中最大的收获是什么?”这一问题,61.7%的同学认为“活动学会了与他人的合作”,24.5%的同学认为自己的“学习自信心有了一定程度的提高”,3.5%的同学认为“自己的成果被人赞赏是从未有的事情”。活动的收获不仅是这些,而是让政治课教学本身更突显出吸引力,师生感情更融洽,学习兴趣也有所增强,绝大部分学生改变了长期以来形成的对政治课教学的认知,认为政治课更具吸引力,也更贴近自己的生活。同学们认为“新颖的学习方式,合作式的调查研究,丰富多样的活动内容,让我们感觉“如同在沙漠中遇到绿洲般地兴奋与期待”。“手抄报比赛,时事辩论赛,迎回归、促统一诗歌配图画设计比赛,社会调查,参观活动,参加环保专家的知识讲座等,均让我们兴奋不已,觉得学得愉快、学得充实,学得实在。”(本校初三某学生文章,载于《广州市中学时事学习》2003第1期)由此可见,在评价实施的过程中,我们的活动课评价策略倡导评价方在相互平等、尊重和互惠的基础上,通过协商、讨论、辩论等不同的沟通方式,自主地调控评价活动,从而获得最大效益,同时也为师生之间交流学习提供了机会,为个体学习能力的发展同样提供了较大的空间。

(2)展示激励和创新的功能。我们的活动课形式丰富多彩,有手抄报比赛,时事辩论赛,迎回归、促统一诗歌配图画设计比赛，社会调查，参观活动，参加环保专家的知识讲座等形式。在社会实践活动中，同学们表现出前所未有的参与和创造热情，积极主动地去组织。我们通过邀请全区初三教师观摩活动，实现对学生活动成果的评价。学生们把活动成果做成多媒体课件，在观摩活动中向教师们展示。在展示过程中，学生们所表现出来的沉着、大方、自信，所创作课件的精美与生动，打动了在座所有的教师，他们对此给予很高评价。由此可见，活动课发展性评价，能够更好地为学生提供了一个自我展示和创造的平台与机会，鼓励他们展示自己的能力和成绩。同时，辅以恰当、积极的评比方式和反馈方式，在很多时候也将成为一种促进创新的手段。

(3)反思总结的功能。我们指导学生在活动的过程中，不断进行阶段性反思小结，并在小组讨论会上进行交流和学习，大家达成共识之后，再思考下一步计划。我们看中个体的参与，评价策略也通常会对学生产生不同程度的压力，有利于调动学生内在动机，成为自觉的内省与反思的开始，促使学生认真总结前期行为，并思考下一步计划。而随着发展性课程评价的日常化，将促进学习个体建立良好的自我反思与总结习惯，使其一生受益。

(4)促进学习能力及学业成绩提高的功能。通过活动课及其相应的评价，至少在两个层面上使学生得到提高：一是学习的积极性与主动性。学生学会从开放、全面的角度去思考、解决问题，并按各自的能力、所掌握的资料以及各自的思维方式去得出不同的结论，而不是追求结论的唯一性和标准化，这正是中考政治命题改革的方向；二是 2003 年的中考成绩，学生入学时总成绩在黄埔区排名倒数第一，而中考政治平均成绩超过了全市平均线。我所带的班级，政治平均分达 67.8 分，远远超过同类学校平均成绩，我们认为实践的效果是令人满意的。

对于初三活动课发展性评价活动，我们也只是做了初步的探索，还有很多肤浅的认识，有待我们在不断学习与实践过程中完善。

参考文献

[1] 钟启泉，等. 基础教育课程改革纲要(试行)解读[M]. 上海：华东师范大学出版社，2001.
[2] 麦曦. 发展性教学评价研究(修改稿)[R]. 广州市教育局教研室，2003.
[3] 卢务全. 发展性课堂教学评价研究[R]. 广州市教育局教研室，2003.
[4] [美]霍华德·加德纳. 多元智能[M]. 沈致隆，译. 北京：新华出版社，1999.

(本文余晓婷老师为第二作者。本文 2003 年 12 月被广州市中学政治教研会评为广州市中学政治学科教师论文二等奖。)

第二章 生活育德

在职业学校的7年教育教学工作经历，奠定了本人深入实践陶行知先生“生活即教育”思想的基础。担任少先队辅导员、班主任、年级主任、德育主任、人事秘书、德育副校长、书记、校长的角色以来，一直与德育结缘。30年的教育生涯，也是本人30年从事德育之路。

以下文章，有的是本人在广州市获奖或被评为优秀课题的研究成果，有的是在30年德育实践中的思考和行动，有的是在组织开展积极教育培训工作中的感悟和总结……

做人做事，以德为先，生活育德，方能成效。

德育生活　生活育德

——对学校德育的再思考

作为一名任教29年的教师，从一名普通的思想政治课教师走到教育教学管理岗位（经历过普通中学少先队总辅导员、班主任、级长、德育副主任到德育副校长，担任职校校长同时兼任附属幼儿园园长、国家开放大学黄埔分校校长）再到德育专项教师的角色，这一独特且丰富的教学经历，使我对学校德育有更加朴实且深刻的反思和领悟。

理念生成：在实践中反思和成长

我对自己常年从事德育工作的反思，缘于职业学校的任职经历。初到职业学校，我就已听到不少给职校生打上的标签："散漫""颓废""无心向学""邋遢""暴力""拳头""群架""多办一所职校、少办一所监狱"。当时的我，深深感到这不仅是社会的普遍认知，它还存在于不少教育者的群体意识里。学生没有人生目标，老师失望放弃，这在职校是很盛行的。尽管我在基础教育方面有着较丰富的德育经验，但经验结构的零散化与碎片化，是包括我在内的很多老德育人的短板。而促使我开展德育改革的导火索，是一次媒体报道事件。2011年底，某电视栏目对黄埔职校工学结合课程改革进行歪曲报道。该节目借着其他技工学校的违规学工行为，影射黄埔职校学工实践是"向工厂输送廉价劳动力"，甚至用接近羞辱的方式质疑学校，还引发校内外的一些疑虑。尽管学校的改革有政策文件支持，也得到区教育局领导的肯定，但面对这一复杂局面，我不断在思考和探索，如何扭转职校办学的劣势，让师生重新点燃成长之火，最终启动了德育课改的艰辛之路。在这个过程中，我逐步形成了自己的德育理念。

德育的生活，生活中的育德

（一）德育生活化：学校德育的基本路径

把"德育"学习融入学生"生活"的研究，其核心理念来自陶行知先生对生活与教育关系的表述。陶行知先生认为，生活教育是以生活为中心之教育。社会即是学校，生活即是教育。教育的根本意义是生活之变化。生活无时不变，即生活无时不含有教育的意义。从陶行知的理论出发，我认识到，离开生活的德育，将会导致道德教育的抽象化、虚幻化，并也会使这种教育流于形式主义。生活才是德育的最合适载体，在真实的生活环境中，赋予我们最真实的教育材料、人际关系、环境因素以及结果。通过各种情境化、课程化、实践性的教育活动，在做中学、在学中悟，从而让德育呈现出最自然、最适合受教育者年龄特征和生活经验的人本化的教育状态。借助申报广州市中小学德育"十二五"规划课题《"三色"职业素养课程的研究与开发》机会，我以上述德育思想为指导，对学校的德育做了整体构思，构建学校"生活德育"模式。这一模式的实践和推进，不仅逐步形成了学校的办学特色，提升了办学声誉，而且得到广州众多职教人的认可,学生更是受益良多。

（二）德育课程化:焕发德育无限潜能的助推器

德育课程化,是学校德育水平提升的重要路径,天河区华阳小学的生本德育课程和黄浦区新港小学的百步梯课程都是如此。

在生活德育模式下,我这样设计黄埔职校的德育课程:以德育课和体育课为立足点,通过以"职业素养"为核心的企业文化课程、以"培养阳光健康人格"为核心的体育文化课程、综合校园社团活动和校外实践活动等隐性德育课程等五个系列课程开展教育实践。在学校德育上开展"理实一体化中学"的课堂教学模式改革,以"设置情境—参与行动—获得真知—培养情感—反思感悟—自觉行动—形成素养"七环节教学法扎实推动"生活德育"模式的实施。主要内容包括:课堂职业素养课程系列,包括三套职业素养校本教材进入德育学科课堂和新生入学前职业素养教育周课程;服务周教育课程系列,以班为单位开展为期一周的服务周实践活动;健美操课程系列,结合大课间活动,以第八和第九套广播体操教学为基础,创编健康街舞、健身搏击操、校园集体舞、轻器械健身团体操等体现主旋律和积极时尚文化的韵律操课程,逐步形成了"美心树人、健体育德"的体育文化理念;实训教学素养课程系列,创建专业课前10分钟的职业精神培育和安全规范教育模式;社团文化和各类实践活动课程系列,把各种校内社团、区内外的各种活动资源进行有机整合,上升为课程。

这一"生活德育"课程体系设计,总体水平较高,它既保护了学生合理的个性需求,也培养了学生的创造性和挖掘了潜能,且对校园内外的德育课程做了适当合理的设计,初步实现生活中育德、实践中育德以及活动中育德。实践证明,这套体系能极大地提高中职德育的有效性。

（三）德育心理化:学校德育不可忽略的营养

我认为,德育的归处在于挖掘与导引人性之美。华东师范大学彭正梅教授曾非常鲜明地指出教育学与心理学的联系:"教育学最基本的原则,或者说教育学的根基,就是对人性的理解。""教育学之所以成为科学,就是要吸取心理学(和社会学)的研究成果,以之为基础,否则就是空谈。另一方面,心理学特别是个体心理学如果不追求教育的使命,而沉溺于纯粹的心理学研究,也是毫无意义的。"因此,在学校尤其是班级教育中,注重学生良好人格与健康心理的建设,是一项非常重要的工作。近年来在广州市天河区、黄埔区等各中小学校幼儿园开展德育实践,让我充分感受到建构于个体心理学基础上的正面教育对于学校教育的价值与意义。我们知道,中西方学校教育改革的一个重要方向,就是开展价值观为导向的教育,它反映了世界教育发展规律和社会发展的趋势。为了更好地践行社会主义核心价值观,在班级教育中实施正面教育,对践行社会主义核心价值观,具有积极的现实意义。实际上,倡导"和善与坚定并行"正面教育的各种工具在学校中展开实施后,教师们都纷纷表示效果良好。这一体系帮助师生如何说鼓励的话、如何表达情感、如何有效跟进等等,改变了人们的传统教育观念,也更新了教师的教育视野与思维方式,不仅让教师找到价值感和归属感,也让他们在向学生们传递快乐与幸福的同时,构建自己的幸福与快乐,社会主义核心价值观在潜移默化中得到培育。原来,德育的实现借助于融合教育学与心理学的工具方法,可以这么潜移默化且富有成效。

（四）德育环境现代化:校园环境建设在传承历史中应兼具现代与人文气息

环境育人,学校德育其中一个极其重要的载体,就是校园环境。我认为,德育环境现代化是为人的现代化服务的,校园环境现代化应该充分考虑人的需求,这也是生活育德的一个体现,它必须遵循两个原则:一是以生为本的原则,二是专业与校本设计相融合的原则。以生为本,需要学校真切了解学生的需要是什么。例如职校住宿生,他们需要的可能更多的是爱与关怀。所以在设计的时候,应该多从学生心理需求出发,做好宿舍文化环境建设。二是校本设计与专业设计相融合,即从师生需求出发,将办学环境、办学历史与办学特色相互融合,以专业角度做好构建,这才是真正的校园环境文化设计与建设。

(五)德育生活化:离不开家校教育的融合

学校教育的延伸一定不能离开家庭教育。经常听到老师们反映:5 + 2 = 0,说的是学校教育五天与家庭教育的两天的教育效果互为抵消,学校培育得再好,孩子们养成的良好习惯回到家里,很快便被打回原形。虽说过于片面,却也不无道理。根据我的经验,校园的学生问题,几乎可以说都是家庭教育问题的折射。奥地利个体心理学家阿尔弗雷德·阿德勒在《儿童的人格教育》中认为:"对于家庭教育的弊端,学校只能起着显示器的作用,这恰恰是因为学校还不是一个十全十美的环境。"因此,构建现代化的家庭教育体系,也是德育生活化能够落地的一个非常重要的载体。我认为,家庭教育的课程体系,也应该来一场改革,把学校教育中的有益部分与家庭教育融合起来。以广州开展的正面教育为例,当"如何面对孩子的不良情绪""如何与孩子有效沟通""如何让孩子爱上学习"等正面教育之家长公益微课堂在学校家长中推广后,家长们纷纷反映其实用性和针对性非常好,对改善亲子关系和家庭关系,起到了积极的作用。因此,德育生活化,其落脚点最终还是要回归家庭,回归到家庭教育课程的生活化、情境化、校本化的构建。

在德育课改之路上,总会面对很多质疑。执着于教育理想的人,执着于遵循教育规律的人,有时也许会孤独前行。但我相信,我并不孤单。

参考文献

[1] 汪凤严. 德化的生活[M]. 北京:人民教育出版社,2005.

(本文撰写于2018年11月,并在微信平台"职教圈"发表。)

通过教师培训有效推进践行社会主义核心价值观的研究

——以开展区域正面教育教师工作坊培训为例

摘　要：践行社会主义核心价值观是学校德育的一项重要工程，如何有效开展践行活动，真真切切把其内化为全体师生的行动和情感认同，本文从改变教师传统教育观念入手，围绕学校践行社会主义核心价值观的方法和手段，以区域通过开展学校正面教育教师工作坊培训、促进教师教学理念的更新和有效改善班级管理为起点，提出促进学校有效践行社会主义核心价值观教育、促进师生良好品格形成的新思路和新策略。

关键词：践行社会主义核心价值观　区域教师培训　正面教育理念和工具　教师教学观念的更新　班级管理有效性　行为养成与良好品格

问题的提出

党的十八大首次以“富强、民主、文明、和谐、自由、平等、公正、法治、爱国、敬业、诚信、友善”高度概括了社会主义核心价值观。为了进一步落实党的十八大精神，教育部《关于培育和践行社会主义核心价值观进一步加强中小学德育工作的意见》（以下简称为《意见》）指出：“培育和践行社会主义核心价值观、加强中小学德育是推进中国特色社会主义事业的必然要求，是深化教育领域综合改革、促进学生健康成长的现实选择。”因此，更好地践行社会主义核心价值观，把社会主义核心价值观通过合适的载体和方式渗透到科学教学、班级管理和师生的行为中，是一项重大的学校德育工程。党的十九大报告更是明确指明了践行社会主义核心价值观的方向，“把社会主义核心价值观融入社会发展各方面，转化为人们的情感认同和行为习惯。坚持全民行动、干部带头，从家庭做起，从娃娃抓起”。但如何把社会主义核心价值观转化为人们的情感认同和行为习惯，还有很多问题需要解决。

首先，影响学校德育工作实效性的难点之一就是教师整体素养问题。应该看到，社会主义核心价值观的理念在学校得到广泛的宣传，各种活动形式也多种多样。但是，践行社会主义核心价值观的关键，是要着力解决“师生情感认同”问题，才能更好地使其成为师生的行为习惯。从“情感认同”的角度看，通过观察可以发现，学校普遍存在着教师整体年龄偏大、职业倦怠严重的状况，再加上学校生源素质不高，教学质量一直在低位徘徊，教师也存在着职业认同感普遍不高、不愿改变的情况。甚至不少教师在教育方式、教育手段等方面均存在着诸多的不适应，以这样的状况开展践行社会主义核心价值观的教育，肯定会影响教育的实效性。这是我们需要突破的一个关键难点。

其次，是学生对社会主义核心价值观的认知与情感认同问题。它不是靠几本书、几个活动就能让学生入脑、入心的。作为教育工作者，我们要充分认识到学校思想德育的难点，不仅仅是教师作为施教者的教育方式、方法的改善，更在于当前各种信息通过移动互联网，对青少年的影响到了无孔不入的地步，他们对事物的洞察力、敏感度和个性特征更加明显。如果还用传统方式进行社会主义核心价值观构建,就谈不上赢得学生的认同。

那么,如何将其深入师生的心灵中去,转化为师生的情感认同和行为习惯?除了宣传与活动,更需要讲究科学的方法,要使用合乎认知规律的手段与工具。

笔者通过一年来正面教育教师工作坊培训,认为通过培训学校教师掌握正面教育理念、方法和工具,让教师学会为学生付出更有智慧的爱的同时,也能更有价值感地与学生共同践行社会主义核心价值观。

二 以正面教育教师培训推动践行社会主义核心价值观的研究基础

育人先育德、育德先育心,育生先育师。常年的教育经历和经验,让我们充分认识到现代教育学、心理学以及相关教育理论在人的思想道德构建上的价值,充分认识到新的教育理念对学校培养学生社会主义核心价值观的积极作用,充分认识到学生看待事物、分析事物具有片面性,却喜欢直观、形象、具体的认知特点,也充分认识到学校教育目前面对的教育内容和教育手段、方法过于贫乏等问题,是自身无法解决的。从符合学生认知能力、思想品德养成的规律和学校教育教学特点出发开展培育工作,从已成体系的正面教育工具和方法入手,培养学生良好的行为习惯和个人品质,并潜移默化地培育学生认可社会主义核心价值观,是非常值得研究与应用实践的。

首先,从实施价值看,以正面教育开展班级践行社会主义核心价值观,具有创新性和可操作性。

创新性方面,对于践行社会主义核心价值观如何突破现有的传统教育管理模式,通过100多种工具和方法,在价值取向教育中强化青少年形成国家、社会和公民意识,找准德育的规律,大力提高德育实效性,具有创新意义。中西方学校教育改革的一个重要方向,就是开展以价值观为导向的教育,它反映了教育发展的规律和社会发展的趋势。如何进行价值引领教育,提升人民群众的获得感、幸福感和安全感,在班级中进行正面教育实施,对践行社会主义核心价值观具有正面、积极的现实意义。

操作性方面,正面教育目前开发了100多种工具、方法和理论,对践行社会主义核心价值观教育提供了非常重要的支持。通过在部分学校试用的证明,它能够极大地改善校德育的实效性问题,提升学生对社会主义核心价值观教育的参与感与认同感,推动习近平新时代中国特色社会主义思想在广州市中小学校生根发芽。

其次,从科学性与教育性角度看,正面教育从个体心理学发展而来。个体心理学家阿德勒的名著《自卑与超越》中,就非常鲜明地提出“人生的真谛就在于奉献与合作”,并认为,所有真正“生命意义”的真正标志是:可以与他人分享,且得到绝大多数人认可。因此,建立在个体心理学基础上的正面教育体系,符合社会主义核心价值观的要求。

在人本主义心理学中,我们也可以看到正面教育符合人性教育的一面。其中的代表人物之一马斯洛认为,人类行为的心理驱力不是性本能,而是人的需要,他将其分为两个大类、七个层次,由下而上依次是生理需要、安全需要、归属与爱的需要、尊重的需要、认识需要、审美需要、自我实现需要。群众安全、归属与爱、尊重的需要是人性的基本需求。如果我们在开展社会主义核心价值观教育实践过程中,不懂得把教育活动与人的心理发展规律联系起来,就很难发挥德育应有的功能。这也是目前德育工作实效性不高的原因之一。

正是在这样的背景下，我们开展正面教育，一定程度上就是帮助教师通过学习具有强大人本主义和积极心理学背景下的正面教育工具和方法，引导教师改变自身教育观念，从而更有效地在班级中促进学生社会主义核心价值观的形成，在生活中育心、在育心中育德。

以正面教育教师培训推动学校班级践行社会主义核心价值观的课程设计

在区域继续教育的培训实践中，很多学习了正面教育工具的教师在学校推广实施后，纷纷表示教育效果非常好。正面教育里的如何说鼓励的话、如何表达情感、如何有效跟进等方法，改变了教师的传统教育观念，更新了教师的教育视野与思维方法，让教师在平凡又烦琐的教育工作中，找到价值感和归属感，在向学生传递快乐与幸福的同时，也在构建自己教育的幸福与快乐，社会主义核心价值观也在潜移默化中得到培育。

根据相关学校的一些做法，我们在教师培训课程设计上遵循如下的思路和原则。

第一是“自我认知”模块。通过自我认识、上方卡、冰山图、私人逻辑图等工具，让参与培训者了解自身的风格，对自我形成清晰且理性的认识判断。这一课程设计，目的在培育富强、民主、文明、和谐等价值观方面，让参与者得到体验和感悟。

第二是“情绪管理”模块。运用掌中大脑、积极暂停、错误目的表、活动“烦恼与愿望”等相关的工具与方法，旨在帮助师生学会情绪控制的开关，懂得“文明、和谐、自由、平等、公正、法治、诚信、友善”在班级管理中的重要意义。

第三是“问题解决”模块。通过培训让教师学会组织“查理”“这不公平”“尊重差异：外面是丛林”“犯错误，还是成为错误”“用行动道歉：当对不起不够用时”等主题班会课，以此帮助学生理解文明、和谐、自由、平等、诚信、友善在生活中的重要性。

第四是“合作构建”模块。通过活动“致谢”“鼓励圈”“建立班级公约”“过界：双赢”“探索权利：建立合作”等方式，帮助教师探索如何教会学生运用权力，建立班级里的合作关系，明白在权力被分享时，问题能得到最有效解决的道理，并以此帮助教师学会在班级中指导学生潜移默化地进行爱国、民主、文明、和谐、自由、平等、公正、法治等价值观教育。

第五是“沟通连接”模块。运用“有效与无效倾听”“烦恼和愿望”“我句式”等方式，沟通烦恼和希望，培育师生间尊重、平等、诚信、友善的品格。

第六是综合模块。利用两天时间开展教师工作坊培训，对上述五个模块的活动与工具进行综合。

上述课程设计，得到了参与培训教师和学校的充分认可与肯定。

四　以正面教育培训推动班级有效践行社会主义核心价值观的实践

一是行动研究。通过培训教师和家长在学校德育中实施正面教育，最终的教育目标是在班级中践行社会主义核心价值观，把被教育者培养成社会主义的建设者和接班人。这一内容既是重点也是难点。目前，我们的学校在德育方面面临种种难题：学校培育学生社会主义核心价值观的手段与方法还比较单一，没有一套比较成熟的体系，教育效果参差不齐。另一方面，家庭教育，尤其是80后、90后年轻人普遍没有亲子教育的经验和方法，骄纵或者简单粗暴成了教育的常态。此外，教师的职业倦怠，阻碍了教师专业成长的积极性，他们也很难拿出足够的时间，开发适合学生和家长的管教工具与方法。不少教师不仅在担任孩子的家长这一社会角色时自顾不暇，在担任“传道、授业、解惑”的角色时，也常常出现不少伤害学生的事件，导致家校关系出现紧张的状况。如何更好地解决这些问题和困惑？我们期望在学校和家长教育过程中重新构建一种360°立体式的适合改善班级教育生态、促进支持构建社会主义核心价值观的教育模式。通过前期的一些体验式培训，我们期望通过培训教师，在相关实验班级实施正面教育，探究社会主义核心价值观培育的效果，初步实现在学校培育人的社会主义核心价值观的目标并进行推广。

二是收集一批正面教育在班级实施并实现践行社会主义核心价值观的教育案例并印制出版。

目前正面教育作为一个教育体系，对相关教师和家长培训内容和教师、家长互助解决学生的德育问题，已有一套行之有效的课程与教学模式。通过五个模块的活动，在国家、社会和公民个人层面，对学生持之以恒地进行社会主义核心价值观教育。另外，目前在广州地区中小学校，已经有一支积极实施正面教育的班主任教师队伍，相关的实验学校也有充足的师资准备。特别需要强调的是，对于培训师资，我们有着非常丰富的教育经历，他们目前均活跃于高校、教师培训和中小学校的德育一线实践研究活动中。

从我们接触正面教育的过程来看，其实施效果的价值、工具与方法设计的科学性、活动过程的教育性、活动内容的人本性、活动效果的有效性，都值得我们去积极实践。

（本文撰写于2017年9月。）

《“三色”职业素养课程的研究与开发》开题报告

一、研究的背景

本课题以遵循联合国教科文组织对教育目标的定位：Learning to know（学会求知）、Learning to do（学会做事）、Learning to cooperate（学会合作）、Learning to be（学会生存与发展）为原则，以“三色”职业素养德育课程开发为平台，把学校各种德育元素（包括德育课、德育、心理教育、安全教育等）作为一个系统工程规划，通过3年时间，分层次、分目标达成以培养学生“掌握多项技能、学会如何做人”的就业素养这一总体目标，培养一支既符合社会要求，又符合学校“树德树人，强技强能” 办学宗旨的较高素质的新时代技能人才。

二、研究的目的与意义

长期以来，中等职业学校的德育课存在一个误区，习惯于按照全国统编的教材、统一的标准、划一的方法，即教育所有的学生，不能从职业学校学生身心发展的阶段特点、职业教育不同时期的培养目标及本校专业设置实际情况出发，缺少重点和主攻方向，未能循序渐进地开展德育课教学。尤其是我们这类处于城乡交界的职业院校，学生整体素质参差不齐，这很不利于学生的全面发展。因此，我们有必要探索基于不同的学习阶段、有针对性、以职业素养为根本的德育课程，开发校本教材，以达到激励学生实现早定向、早努力、早成才的目的。

本课题在实践中探索适合中职德育课程的职业素养教育，拟在理论上、实践上、方法上达到以下目的：

（1）在理论上：基于人本主义教育理论、多元智能理论、协调学理论以及构建“大德育”的系统观和德育品牌、德育特色的迫切要求，针对当前职校德育工作中面临的教育人力资源、德育课与专业发展之间的矛盾、德育活动无序分散的状态，以及学生在就业过程中出现的种种不符合企业发展的潜在素养教育问题，我们将开发一套适应职校生成长规律和职校教育特点的职校德育课程教育体系，创造属于具有本地职校品牌特色的德育管理模式。

（2）在实践上：我们以校企合作的模式，根据企业对入职人员的素质要求，及时调整学校的教学内容，强化职业意识，加大职业素养的培养力度，创设更多让学生锻炼、提高的平台，帮助学生尽快由学校人向职场人转化。

（3）在方法上：我们将课题人员分成六大组，分别进行六个方面的研究，以保证该研究做到有方案、有计划、有要求、循序渐进地进行，在这3年间，我们将出版3本适合职校3个不同年级学生使用的德育教材，同时进行中期总结，及时探讨该课题研究过程中的问题，保质保量地完成该课题的研究，最终达到提高学生综合素质和职业能力的目标。

总之，通过本课题的研究，我们将进一步充实、完善中职德育教材，积极融入职业素养教育，帮助学生尽快适应社会环境，让每个学生都能找到适合自己的发展空间。

三 本课题对于国内外研究现状

（一）国外对于职业素养的研究概况

国外对职业素养方面的研究，对我们有很大启发。国外职业教育和培训的发展各有特色：德国非常注重员工专业能力的培养，政府官员、管理人员、企业内部各级人员都要接受成人继续教育，并建立起以动手能力为特色的职业培训体系；美国倡导的“业本学习”，强调的是以工作为本的学习，也就是说学习者的学习活动，总是与他所从事的某项工作有着千丝万缕的联系，它强调学习活动的发生以充任某种工作角色为前提，在工作环境下开展的学习活动最有效；加拿大的教育很注重能力的培养，其最突出的是，建立起以能力为教学基础的CBE教育思想体系。近年来，社会伙伴合作办学已成为发达国家职业教育的主流模式，即政府各级教育部门与社会的工作部门等通力合作，对职业教育的办学体制、方向、内容等进行协商，同时社会经济部门越来越多地参与职业教育的管理和决策。企业在其中的作用，则是提供就业需求的信息，以及有效的实习、培训场所和就业渠道。这些国家的职业教育虽各具特色，但都体现着共同的发展趋势。他们坚持市场导向，突出了培训的针对性和实用性。

（二）国内在职业素养方面的研究概况

国内对职业素养的研究，也有一定的成果：广东省东莞市教育局下属部分学校推行“让职业教育与社会需求同步”的探索，把企业所需要的职业素养教育前置到学校。因为企业缺少的不仅仅是单纯的员工，更需要能发挥作用的人才。企业关注的是综合能力，而不是单纯的技巧、技术。而快速学习、思维习惯、团队合作等能力，成为企业看重的综合素质。他们的职业素养开发课程体系，由12门课程组成，根据不同年级的特点，有针对性地分布到3个学年中。针对一年级学生要快速适应中职的新环境，就激发他们多参与，多互动，所以一年级的主题确定为“行动”，目的是培养他们做人做事的基础职业行为能力。二年级学生要开始为进入职场做更切实的准备，用思考引领行动，主题是“思动”。三年级的学生面临实习和走入社会，这是把职业素养课程落地的部分，主题是“对接”。“职业规划”课立足现在，着眼60岁，关注接下来几十年的路怎么走。“成功面试”着眼当下如何了解企业、与企业达成共识等内容。这一阶段关注的，是针对别人的需求如何调整自己的行动策略。

四 研究目标

通过对这一课题的思考、应用与研究，以期初步形成适合中等职业技术学校德育课程的教学，编写职业素养课程德育校本教材。

五 研究内容

（1）中职第一年，蓝色适应教育系列。

16岁的梦想、16岁的年华，带着些许惆怅和彷徨，更带着一定的希望和梦想走进职校学堂，此外我校校徽的主调色是蓝色，所以称之为“蓝色的教育系列”。以“适应职业教育”为支点，以培养“良好人格”为目标，致力培养合格的中职生。内容包括行为规范的养成教育；认识自我、懂得自我定位的自我教育；与异性交往的性心理、性健康教育；孝敬父母长辈、包容与宽厚待人的人际交往教育；初步的职业技能规划教育；志愿者服务体验教育等。

(2)中职第二年，绿色发展教育系列。

人生的分支点很多，如何避免第二年的颓废和放弃，并为第三年的顶岗实习奠定良好的职业规划和职业态度，理应要进入一个成熟的阶段，所以定位为绿色发展教育。以"发展技能教育"为支点，以"构建职业理想"为目标，致力培养成熟的中职生。内容包括道德、遵纪守法的养成教育；职业规划和职业态度教育；以技能竞赛、实习为基础的体验式的实践教育；校园文化活动自主教育；人际交往与他人合作心理教育等。

(3)中职第三年，金色收获教育系列。

学生进入初步就业阶段，学校如何以"金色的收获季节"为主题，围绕学生的就业定位、就业态度、就业能力、就业安全等做好就业规划，是一项关系学校生存与发展的重点工作。以"就业教育"为支点，以"就业态度和能力"为重点，致力培养优秀的毕业生。构建具有职校文化特色的"知行讲座"，包括专家讲座，就业前的社会适应性和安全教育专题系列讲座，帮助学生树立正确的择业观，培养正确面对挫折与困难的韧性和乐观心态，帮助学生把合理职业选择和社会需要两者有机结合起来；遵纪守法，培养学生良好职业责任和社会责任意识；深入开展顶岗实习的社会体验教育等。

六　研究方法与技术路线

(1)文献研究法：收集相关文献资料，了解当前职业教育培养目标素质结构的变化。

(2)调查研究法：对中职学生学习德育课程状况进行调研，了解学生对现有德育课程的认可程度；争取到市内中职学校，实地考察德育课教材使用及教材改革的效果情况；编印相关的调查表，掌握学生对课堂教学的体验资料。

(3)行动研究法：适时走进社会，了解职业素养的内涵及要求；探讨、积累中职德育课教学资源，对教材进行有效的开发和整合；组织德育活动课程的征集，将实践活动上升到理论层面。

七　课题研究的创新点、理论意义与研究价值

纵观当前的中职德育教育，我们对《"三色"职业素养课程的研究与开发》充满信心。无论是国外的做法还是国内的研究，我们都不可能完全照搬，因为我们所面对的学生、所处的环境、所在的区域、现有的条件、教师的应变能力等都有所不同，尤其是我校所处区域的经济发展趋势与东莞市完全不同。因此，我们可以自己开发、研究适用于我区职业发展需要、适应我校学生的实际情况、激发学生自主学习的"三色"职业素养课程，拟在以下方面有所突破：

(1)职业意识贯穿于学生整个职校生涯中。职业学校的教育，目的是强化"职业"二字，让学生从进校开始就明确职业教育的培养目标，就是使他们通过一定时间的职业教育与培训，掌握某种职业所需的知识、技能和职业意识、素质，成为社会所需要的高素质的劳动者，进而了解、认识职业，最终走进职业。

(2)不同学习阶段确定不同的主题。对入学初期的学生，进行"成功学习"，通过具体的活动，让学生知道社会需要各个层次的人才，帮助学生重新定位自己的人生目标。对入学中

期的学生,应进行"发展技能",为将来职业发展奠定必要的基础。对毕业前期的学生,就要进行"就业训练",帮助学生调整自己的就业心态,尽快适应社会发展需要。

(3)落实职业素养拓展训练。任何有效的学习,都是在活动实践中进行,即在做中学。通过"体验—反思",增强学生的团队协作能力、生存抗挫能力、组织能力、同学之间的交际沟通能力,将迅速提升学生适应社会的生存和竞争力。

(4)开发"三色"职业素养课程。针对我区经济发展的实际,有必要开发"三色"职业素养校本教材。该课程从培养学生成长所需的四大关键能力入手(自我管理能力、与他人合作的能力、做事的能力和适应环境的能力),促使学生用职场人的眼光,审视自己的学习和生活;用职场人的标准,衡量自我发展的方方面面。

八 研究基础

(1)2005 年 12 月教学论文《新课程下高中思想政治综合探究课的实践与评价》获广州市发展性教学评价研究优秀成果二等奖。

(2)德育教学论文《中职德育教学中情感教育的实践与思考》在广州市中职学校 2007 年德育论文评选活动中获一等奖,并在中国教育学会新课堂教学研究课题组 2008 年举办的"教育创新与实践论坛"职教组交流中被评为一等奖,入选《教育创新与新课堂教学指导》(国家级)一书。

(3)黄埔区"十一五"教育科学规划立项课题"情感在中职德育教学中的激励功能及运用研究",已于 2011 年 7 月圆满结题。

(4)德育教学论文《浅谈中职德育课课堂有效构建的策略》在 2011 年广东省职业教育德育优秀论文评比中荣获二等奖。

(5)学校德育科组 2010 年参与了由广州市中职学校教研会组织的"中职文化基础课程和部分专业核心课程资源建设",制作的《哲学与人生》(第五单元)德育课程教学资源包,已被中职德育教研会录用。

(6)我们已经编写、印发了《职校生活》蓝色读本,正在使用,逐步完善。

九 预期成果

(1)《"三色"职业素养课程的研究与开发》研究报告 1 篇。

(2)与职业素养课程研究相关的论文 6 篇。

(3)职业素养课程的教学课件、多媒体资料 6 份。

(4)职业素养课程之蓝色、绿色、金色校本教材各 1 本。

参 考 文 献

[1] 武文胜. 中小企业员工培训游戏[M]. 北京:金盾出版社,2008.

[2] 吴甘霖,邓小兰. 三个月成为一流员工[M]. 北京:中国商业出版社,2010.

[3] 宋楠楠. 基于层次性的职业学校德育目标探析[J]. 安徽电子信息职业技术学院学报,2009(3):11-12.

[4] 钟启泉,等. 为了中华民族的复兴,为了每位学生的发展——基础教育课程改革纲要(试

行)解读[M].上海:华东师范大学出版社,2001.
[5] 俞文钊.管理心理学[M].大连:东北财经大学出版社,2008.
[6] 莫雷.心理学[M].广州:广东教育出版社,2000.

(本开题报告由林绮芳老师主笔,为第一作者,撰写于2012年11月,为广州市中小学德育研究“十二五”规划2012年度一般课题,2014年10月结题,评为优秀。)

开展“健美教育”实践性探索与思考

摘　要：本文从学校的一起关于某企业招聘的个案说起，以开展健美操教育为校园文化建设的突破口，从而改善中职生的行为习惯，并已取得初步的成效。

关键词：德育　健美操　实践　德育文化

2012年4月，我校有多名应届毕业生准备参加广汽集团本田汽车有限公司会计岗位的招聘，考题如下：

招聘会计岗位面试题

(1)自我介绍，包括家庭住址、学习情况、担任的职务。

(2)假如你应聘到我单位的工作岗位，你会有什么收获？

(3)你为什么来我公司应聘？

(4)我公司生产什么车型？

(5)如在我公司实习时间长了感到枯燥怎么办？

(6)你有什么兴趣和特长？

(7)你在学校遇到过最大的困难是什么？你是如何解决的？

(8)你参加过什么学生社团？假期做过哪些兼职？

(9)你会操作哪些计算机软件？

这份招聘面试题，着实让职校的教师大吃一惊，尤其是财会专业的教师们。大家都在反思：中职学校的人才培养，如何把专业学习、特长的发展和社会适应能力结合起来，加大职业素养教育的力度，以适应不断变化的市场和工作岗位的选择。从这份面试题来看，企业更加关注学生在校期间的职业与人文素养的养成，更加关注学生身心健全与全面发展，而不仅仅是专业技能。

黄埔职业技术学校（以下简称黄埔职校）一直以一种务实和对学生负责任的态度看待这一问题。最近，学校成功组织了一次广州市高中“体育与健康”课程教研活动，全市40多位体育老师参加，广东省学校体育指导委员会专家、广州体育学院饶纪乐教授，广州市教育局教研室特级教师钟卫东莅临学校现场指导。教研活动主要是观摩由唐丽华、李健文2位教师执教的“体育与健康”公开课，教学内容是“健康搏击操”和黄埔职校教师自主开发的校本教材“民族韵律操”。在课堂上，教师全情投入，环环相扣，张弛有度，既保留了传统课的要求，又富有创造性，精彩纷呈，引得不少观摩教师纷纷拿起手机拍照。在烈日下，学生青春活泼，阳光自信，展示了黄埔职校“体育与健康”课程教学改革取得的丰硕成果，展示了黄埔职校学生良好的精神风貌。课后，教研室还表示要带领团队到学校来听课学习。

上述两件事好像风马牛不相及，实际上，这恰恰是我校践行素质教育，大力开展职业与人文素养课程教育的体现，也真正体现了企业对人才培养的要求。

教育家张伯苓先生曾经说过“不懂体育的校长不宜当校长”，是有一定道理的。中国学校的学生要出早操，据说是张伯苓在南开办学时首创。

黄埔职校历任校长都很支持开展健康舞教育，但是把它提到文化的高度，引领课程改革和校园文化建设，却是近2年的事情。学校校园文化建设如何贴近学生生活和经验，符合学生身心特点和未来就业需求，尤其是如何通过文化管理，激发这些人生目标不明、对生活迷茫的孩子做人的自信心，使大部分的孩子在校园里得到被关注、被承认和被尊重的感受，拥有自己存在的价值，为孩子们初步构建对生命意义的思考，这是我来到职校后一直在思考的问题。我认为，教育活动既要注重民主化，从多元的角度开展符合学生个体特征的教育，也要体现生命化，把提升学生做人的品质和健康成长，看作是一件意义非凡的事情。在这个思路的引领下，我们提出了“以舞养心、以舞育德、以舞树人”的文化建设思路。就是通过体育课、艺术选修课等公共基础课，以及课间活动、学前教育专业课等多种平台和途径，在学生中大力普及健康舞教学，尤其是在每年的技能艺术节上，学校把健康舞和课间广播体操作为必选的团体参赛项目。通过这种规模性、群体性的健康舞大课间活动（已引入教师的课余生活中），极大地培养师生对校园生活的热爱，在使学生获得自信心和教师消除职业倦怠感，锻炼了师生体魄的同时，也营造了一种积极向上的校园文化氛围，在潜移默化中塑造师生良好的人生观、价值观。

现实生活里，不少学生都不太愿意做课间操，甚至把做课间操看作负担和痛苦。可是我们学校却做到了让学生愿意做、喜欢做。开展舞文化活动，不仅得到广大师生的热情支持和积极参与，还在学校里掀起了一阵阵的健康舞热潮，校园文化呈现出令人欣喜的变化：过去做课间操，学生都懒懒散散，现在的课间操，质量大大提高；原来放学后的操场冷冷清清，现在到处都能找到自觉练习、自编健康舞的学生。学生在展示自己的优美动作中，找到了刚健与自信，身心素质也得到全面提高。现在的校园，到处洋溢着健康、活泼、阳光的氛围。

舞文化的开展，也带动了教师创编健康操的热情。近2年的大课间活动中，学校的体育教师团队在做好第八套广播体操教学的基础上，相继创编了健康街舞、健身搏击操、校园集体舞、轻器械健身团体操，以及《我和我的祖国》《自由飞翔》《我相信》《最炫民族风》《青藏高原》等体现主旋律和积极向上文化歌曲的民族韵律操等数十种既有强身健体功能，又能表现美、创造美的校本教材。这些，都源于学生和教师的“喜欢”。

当今学生喜爱现代体育运动，符合其身心特点。健身操和体育舞蹈是一种流行的时尚运动。我校体育教师曾做过调查，结果见表1。

对健美操活动学生认知调查　　表1

对健身操的认知	同意(%)	一般同意(%)	不同意(%)
学到创编、交际知识	63.9	36.1	0
体验到运动的美	94	6	0
提高审美能力	86.1	13.9	0
多一种就业技能	75	25	0
是一种职业技能	80.6	19.4	0
有利于培养文明行为	81	19	0

在调查中，我们不难发现，学生对体育舞蹈的认知充满积极的情绪，而且开始从工作的实用性角度，思考学习的动机。对健康舞蹈认知的变化，使学生从学习的兴趣发展为志趣，让学生在拥有活力与健康的同时，也塑造着学生良好的职业素养，这正是我校体育课教改的独到之处。

我们通过把学校体育课教改经验，上升到有助于学生职业与人文素养养成以及校园文化的高度，充分发挥体育与艺术的育人功能，从而为构建“文化学校”提供了良好的土壤与育人环境。下一阶段，我校将在总结体艺教师团队建设经验的基础上，不断拓宽建设思路，在民主化与生命化教育思路的引领下，把学校建成师生的“学习共同体”，在大力开展专业建设的同时，以文化再造学校，构建人才培养的“黄埔职校模式”，为社会培养更加优质的技能型人才做出不懈的努力。

参考文献

[1] 谌启标. 有效学校[M]. 大连：辽宁师范大学出版社，2007：86-97.

（本文撰写于2012年6月并获黄埔区2013年德育论文比赛一等奖。）

对学生不良情绪的处理与研究

一 问题提出

作为职业学校的德育工作者,我们深深感受到职业教育生源问题对学校管理造成的压力。“问题孩子”的产生,有的是源于初中教育单一的考试评价机制,更多则是家庭教育的问题。当这些孩子进入职业学校后,不仅自身面临着诸多问题,还必须面对来自社会的偏见——社会舆论普遍认为大多数职业学校的学生“散漫”“颓废”“无心向学”“邋遢”,甚至于“暴力”“拳头”“群架”,好像谁的孩子进了技校、进了职校,谁就与低素质、没文化、没教养画上等号。在这样的生存环境下,这些本来就没有养成良好习惯、学习成绩也一般的孩子,从进入职校的那一刻起,也就失去了努力做一个优秀劳动者的动力。他们中一些意志薄弱者,甚至产生自暴自弃并辍学的想法和做法。如上所述,根本原因还是不当的家庭教育引发的问题。本个案作为一项个体研究,尽管不具有普遍性,但是通过适当方法处理职校学生亲子关系,进而解决学生流失的问题,不失为一个合适的选择。

二 个案介绍

×××,男,16岁,学校一年级住宿生,身材比较高大健壮。出身于小商人家庭,父亲母亲经营小生意,收入并不高。该生进入初一时学习不好,因此在家长纵容同意下,到外地舅舅的工地打工,后因为要拿毕业证,在初三时回到家乡学校继续完成了学业,并最终报考、入读我职校。

由于该生有外出打工经历,能吃苦、讲义气、较暴躁,跟父母关系尚可。本学期,根据学校意见,该生多次在宿舍内使用电器设备,造成宿舍电路短路,经查明后,学校对其做退宿处理。由于该生家在外地,退宿意味着让其放弃学业,为此学校约请家长到校,处理相关退宿事宜。在处理过程中,该生在办公楼通道上情绪非常激动,大声斥责母亲,一方面说要坚决退学,一方面则严厉回应母亲,说要出去打工养活自己和父母,并要以后偿还一切母亲的付出。母亲则在一边伤心流泪,痛苦不已。由于当时正值课间休息时间,师生往来较多,在一定范围里造成了负面影响。

三 个案分析

该个案表面看是因为退宿导致学生情绪激动并责骂母亲,实质上是长期家庭教育不当、不重视孩子学习习惯的养成,纵容其辍学外出打工行为导致的结果。

四 个案介入与指导过程

笔者在了解此事后主动介入,一边安抚学生母亲,并让该生母亲到学校德育室稍事休息。同时我把学生带到办公室进行长谈，并采用了以下辅导方式：

(1)注意转移。从心理调节上来讲，注意转移把人的注意力从产生消极否定情绪的活动或事物，转移到能产生积极肯定情绪的活动或事物上。一开始，他流着眼泪反复说都是他的错，退宿就退宿，没什么大不了的，还是好汉一个，自己会去做泥水工，自己赚钱养活自己，不用母亲管，以后会养她诸如此类的话。看他情绪如此激动，我给他倒一杯水，并以认真诚恳的口吻，让他说说他要退学的原因，把他对母亲生气的情绪暂时搁置下来。经过慢慢开导和反复的询问，他终于承认充电插座的确是他带来的，但自己没用过，这次是其他同学用后造成电路故障的。为了让其他同学不被处分，他就把全部责任都揽下，并认为这才是男子汉所为。

(2)尝试用面质法。按照学者张小乔在《心理咨询的理论与操作》所指出的，所谓面质就是咨询者指出求助者身上存在的矛盾，协助来访者认识自己，鼓励他们消除过度的心理防御机制，正视自己的问题，促进问题的解决。为此，我跟该生做了认真分析，连问了他几个问题：一是你觉得你揽下所有责任，同学就一定感谢你？他们就一定不会认为你是个傻瓜？二是即使他们都觉得你够义气，请问你这样做，让他们轻易逃避该负的责任，难道你觉得不是在害他们吗？害他们以后都学会推卸责任，学会敷衍塞责，学会不敢担当，甚至将来有可能以身试法，还觉得会有人帮忙承担呢。这不就是害他们吗？三是你去做泥水工，业余生活不是喝酒就是抽烟，你除了学到一些泥水技术，还能学到什么？即使你学到泥水工的一技之长，将来就不怕有泥水工机器人代替你的工作？一连串的问题，让他哑口无言，慢慢低下了头，开始正视自己做法的适当性与合理性。

(3)合理引导。接着，我跟他分析他现在所学专业的好处和前景、母亲的含辛茹苦、在公共场合被他谩骂后的伤心、他的无知和不孝等等，让他心生愧疚，进而思考自己的鲁莽和不恰当的表现。他开始慢慢反省自身的不合理观念，流下了惭愧的眼泪。合理的引导对实现改善亲子关系、让他回家主动与母亲道歉的目标有积极意义。见他再次流下眼泪，我见好就收，让他自己回去再思考，并强调退宿是肯定的，经过一段时间的改正，可以取消退宿的处分，并建议他好好考虑是否退学的问题。

(4)实施激将法。由于该生是一个自我认同感比较强的孩子，为了进一步巩固教育成果，我采用了激将法。其优点在于，它直击了人的最根本需求——存在价值的认同，实现其从感性反应向理性反应的自然过渡。当天晚修，我亲自召开住宿生大会，对住宿生开展安全教育的同时，也进行思想法制教育，并以隐去名字的方式，对该个案中其他逃避责任的学生予以批评，使当事学生认识错误，并一起说服该退宿生留校继续学业。

五 个案辅导效果

该生在辅导后，尽管还是有退学的念头，但是经过他和家人再三权衡以及同学劝说后，目前仍然在校继续学习。经过一段时间的走读生活，并能做一些力所能及的家务，与母亲关系没有受到该事件的影响，表现还有一定的进步。

六 个案辅导的反思

从效果上看，该学生的退学念头得到了缓解，也能够理性看待自己的问题。但是，由于本人工作繁忙,后面没有时间做个案跟踪并进行家访,该生学习动力仍然不足。因此,对学生不良行为的干预,既要及时善用心理疏导技术进行化解,也要做到持之以恒。春风化雨、润物细无声式的长期教育方式,才能起到最好的效果。

(本文撰写于2016年5月,为2013年度广东省中小学德育一般课题《家庭亲子关系研究》结题案例集内容。)

班级管理评价中的“加法”与“减法”

阶段性评价班级管理质量，评选先进班级与优秀班主任，是学校德育管理的一项重要工作。良好的评价模式，可促进班级管理方法的完善和学生素质的提高，对提高班主任工作积极性，具有重要的意义。如何通过班级管理评价机制的改进，促进班主任专业能力和工作绩效提升，为班主任成长提供源源不断的动力，是完善德育管理工作的一项重要课题。

一 班级管理评价中的新问题

当前，纵观各种评优手段，多以量化扣分为主。故此，需要建立多元的、符合人的成长发展规律的综合评价模型，更准确、更客观地评价班级管理，不断调动人的工作积极性。

按照我们过去的依赖路径，对班级管理评价的办法离不开这样的基本模式：学校给定相应基础分，拟定以扣分为主的各种细则——组织行政、学生会成立值周班或检查组进行检查——发现学生或班级有违反相关规定的则扣分（少量学生和班级可以获得加分）。其本质都是以惩罚性的形式，对学生和班级进行评价。

关键问题在于，德育评价的很多内容是无法用分数量化考核。例如，班级学生的思想状况、心理健康程度，班主任对学生思想、心理教育过程，等等。而且容易让学生成长陷入怪圈，即学生会因为避免扣分，而不去做某些事，而不是真正从内心深处认识到不应去做。如果把班级考核与班主任的评价、津贴挂钩，班主任就会紧盯着分数，难免会短视与心浮气躁；但如果不挂钩，又无法落实各项管理。又例如，用学习成绩来评价班级管理，平衡班和重点班的差距是无法避免的。但是，无论从哪个方面看，平衡班与重点班都是有差异的，应该用怎样的标准来衡量不同班级之间的差异呢？是看某次考试在横向比较中的绝对值，还是看“进步率”？

学校拟定的评价方案，面对的是由几十个人组成的教师和学生群体。如此既要考虑评价的科学性，也要考虑评价的公正合理性，更应考虑符合人性的特点，做到评价的切实性和细致性，从而引导班级建设、推动班级理念更新、加强班级科学管理、促进教师与学生的“绿色成长”。

二 改进班级管理评价方式的理论依据

按照现代教育评价理论的观点，评价的功能不仅限于“评出等级”，而更在于“促进成长与发展”。新课程强调“发挥评价的教育功能，促进学生在原有水平上的发展”，认为要“建立以教师自评为主，校长、教师、学生、家长共同参与的评价制度”。

当然,如何在班级管理评价中避免"人的成长和发展"成为一个伪命题,需要从更深层次把握人性特点。

现代管理心理学研究认为,激励是人在外界事物的影响下,产生的一种指向一定目标的内部心理活力,具有强化人的动机和改变人的行为,取得更高管理效率的作用。个体需要(高层次需要,如学业成就、事业成功等)的满足(得到肯定性评价),会使评价对象产生愉快的情感体验,从而极大地激发个体的动机,调动个体奋发向上的积极性,促进评价对象自我发展。

从辩证唯物主义角度来看,我们要用一切从实际出发、实事求是的观点分析现象,分析人的心理发展规律。金无足赤,人无完人,何况是由几十人组成的班级?此外,不管是教师还是学生个体,正常情况下都有希望获得他人和组织的表扬、许可、亲近的心理倾向和获得认同的心理需要。所以,做好"加法",完善"加法",既符合人性发展的需要,具有积极的教育导向作用,也是增强班级管理效能,提升师生渴望进步内驱力的有效途径。

因此,要保障班级管理评价机制的健康运行,评价中必须充分关注"加法"与"减法"的综合运用。所谓"加法"与"减法",在实践中可表述为:让评比过程中的加分项目多于减分项目,将扣分行为转换成加分行为;在评价方案制订与评价程序环节设计上,多考虑大家共同参与的"加法",不做少数人参与评价的"减法";强化动态评价和激励多数原则,多考虑激励大多数人的"加法",不做只鼓励少数人的"减法"。

三　制订班级管理评价方案的原则

在实践中做好"加法"和"减法",需遵循以下原则。

(一)积极指导原则

在评价内容和目的上,不在于禁止班级不能做什么,而是以设计好"加法"为主导,再通过班主任自身经验的总结与交流,指导各班级"该做什么,怎么做得更好"。

(二)自我诊断和自我激励相结合原则

在评价程序上,全体德育团队听取并评价被评选对象对班级管理工作的自我诊断,查找工作中的盲点和缺失,从而激励班主任更好地开展工作,并进一步培育教师民主参与治校的精神。

(三)共同参与原则

在评价方案制订和优秀班级评定上,全体德育团队集体参与,除了满足教师参与感,也有助于提高班主任共同遵守规定的责任感。充分考虑基层管理者包括年级长、团委学生会、生活教师的工作指导作用,请他们作为评价主体参与到评价中,共同致力德育管理效能的优化。

(四)规定动作和自选动作相结合原则

在班级完成学校规定的各项常规管理工作和活动基础上,各班可根据自身条件,自选申报学校设定的各类优秀项目,实行"学校评"和"我争取"相结合的原则。

(五)防止马太效应原则

西方有一则寓言:"凡有的,还要加给他叫他多余;没有的,连他所有的也要夺过来。"这就是"马太效应"的由来。在奖励中若有马太效应,容易引起众人的不公平感。按照公平差别阈理论,人们会将自己所做的贡献与所得的回报的比和与自己条件不相等的人的贡献与回报比进行比较,如果两者保持适宜的差别,才有公平感。所以,从班级管理角度看,每学期评选先进班的时候,特别优秀的班级应该采取回避原则,鼓励更多的班级成为先进班,防止评比上的马太效应。

(六)动态管理原则

按照辩证法观点,任何事物都是不断变化发展的。因此,方案制订后绝对不是一劳永逸的,正如任何先进和落后都是暂时的。制订的评价方案也应该根据新的环境和新的阶段,不断进行修正、补充与完善。对于第一学期评为先进班集体的班级,特别优秀的可参与其他优秀项目的评选,以调动其积极性。

四 班级管理评价中"加法"与"减法"的实践

正如同现行的高考制度无论有多少弊病,而我们依然无法抛弃它,量化评比尽管有很多不完美的地方,但是它又无疑是最能令人信服的较为公平的评价方式,关键在于文字和数据表达的内涵简洁性、评价方式的可操作性、目标达成率。在目前来说,学校对班级管理方案制订,仍然需要进行一定程度的量化和考核。但是,我们在确定量化项目和得分权重时,要最大限度地考虑评价方案的教育导向、均衡发展、全面兼顾、简洁易懂、警示激励和自我反馈等特性,在此基础上做好定量与定性,"加法"与"减法"的工作。

(一)评优项目和评价主体设计多元化

从构建学校文化建设角度考虑,可建立"优秀班集体""全程达标班""校园文化建设先进班集体"等项目的考评,以便促进全体班级的向心力和进取心。在评价主体设计上,既充分考虑个人的参与,也兼顾全体德育团队的参与。

(二)符合明确、合理和可行的标准

在评价内容上,要做到标准明确、合理和可行,评价项目不能面面俱到,对常规的内容可以分门别类。首先是学校的各类规定动作。包括:①班主任工作完成情况;②每周各项评比达标情况;③教学成绩情况(包括期中期末考试、各类学科竞赛);④宿舍管理;⑤学生会与团委活动;⑥年级工作完成情况。在此基础上实施自评和他评。同时候选优秀班级要公开进行述职,由不同层次的德育和行政团队(甚至可包含学生会干部)进行投票、商议讨论和决定。这样的做法,既符合民主治校的理念,也创造了一个合适途径,让校内最优秀的德育经验得以交流推广。由于存在重点班与平衡班的客观事实,为了考虑个体差异发展,评价应对非重点班有所侧重和考量,对促进全校的班级管理有积极意义。

(三)简洁易懂的评价标准

在评价方案上,我们不追求华丽、复杂的文字条款,而希望通过简洁、涵盖定量与定性的综合性数据与文字表达,呈现七大方面的评选条款。将各种条款最大化地做好"加法"的工作,减少因为扣分而带来的负面影响。

(四)积极评价

以"加法"为导向,对各项内容进行加分的鼓励性文字表述,以激发人积极向上的心态。

（五）可观察和公开的评价

从提升班主任自主发展能力考虑，学校评价应该尊重班主任个体发展，使其有机会在公开场合表达个人对班级管理目标的实现程度，使评价者能够更科学和公开地观察被评价者的表现。

（六）动态的评价

通过一段时间的应用，对方案合理的部分要进行完善，对不合理的做法进行修正，以符合实际情况、人们的认识特点和个性心理发展规律。

学校班级管理评价模式的构建，必须实现学校关于"对民族的未来负责，为学生终身发展奠基"的教育理念，以促进班主任专业成长为目的，以激励班级管理朝积极方向前进为导向，促进学校德育工作质量的新发展，实现学校、教师、学生共同成长的愿景，这恰恰是我们德育管理工作的使命和责任。因此，评价模式的构建不仅需要严谨的科学态度和民主管理的精神，还需要接受实践的检验。期待新的评价方案能够得到学校德育团队的支持和理解，并帮助学校德育工作迈向新局面。班级管理评价方案（草案）如下：

班级管理评价方案（草案）

评价标准说明

1. 学校设立"学校先进班集体"（参考第①～⑥项）、"全程达标班集体"（参考第②项）和"校园文化建设先进班集体"（参考第⑤项）三种荣誉。①～⑥的评价由各部门根据方案进行考核。

2. 评价标准检查项目分为六大项，根据自评（占20%）和他评（占80%）来计算总分，合计150分。学校将根据总分由高到低排序，取年级班数的30%且"全程达标班集体"可申报评选每学期"学校先进班集体"。

3. 各班起点均从零分开始。

4. 要求班主任在自查的基础上进行自评，针对存在的问题认真完善，并切实加强班级管理工作。

5. 他评：主要指根据评价标准，检查个人以及各部门、各科组上交的文本材料，按实际情况，由教导处、团委、年级长、生活教师联席会议进行综合评分。

6. 所有加分项目事先都由德育干事根据各种文本材料进行统计，并将数据提交上述联席会。

7. 候选的先进班集体须在班主任例会上进行经验介绍，并由全体德育团队投票表决，根据投票结果上交行政办公会研究决定。

8. 全程达标评估标准按原来方案不变。

9. 评为先进班集体的班主任为学校优秀班主任。如客观原因导致有多余名额，将在剩余的班主任中按班级分数由高到低评选，直至取满名额为止。

二〇一〇年四月九日

广州市第八十六中学班级管理评价标准见表1。

广州市第八十六中学班级管理评价标准 表1

常规工作	具体项目	评分标准	分值	得分		备注
				自评	他评	
1.班主任常规工作40分	德育导师制完成情况和后进生转化情况	完成导师制工作任务得5分，学困生思想、心理教育有效果的得5分（班级学生被处分的该项效果只得0分）	10			教导处查看《班主任手册》《导师制手册》以及相关文本资料，最终解释权归教导处
	学生操行优良率	学生学期德育操行优良率达90%（重点班95%）得5分	5			
	家访与家长会	能有效与家长进行沟通，教导处没有接到家长有效投诉的得5分；家长会家长到访率平均达80%以上（重点班达85%）的得5分	10			
	主题班会完成情况	按学校要求每周班会专时专用并完成主题班会任务的得5分	5			
	安全管理工作	按时按质完成“班级安全检查记录表”上缴任务的得5分，经常开展安全教育的得5分（若一学期累计缺交5次以上该项为0分）	10			
	上交总结计划资料	准时上报各种表册得2分，按时交总结计划的得3分	5			
	加分项	一学期①没有接到“关门窗、室内电器电闸”问题等有效投诉的加2分。②公物保护好的加2分。③班级学生没有发生安全事故的加5分。④积极承接年级公开班会任务的加5分。⑤班主任评议满意率达70%～79%加2分，达80%～89%加3分，达90%以上的加5分	加分小计			
2.每周各项评比达标度50分	仪表检查	全程达标可得5分	5			查看相关文本资料。最终解释权归教导处
	早读	全程达标可得5分	5			
	课间操	全程达标可得5分	5			
	眼保健操	全程达标可得5分	5			
	卫生评比	全程达标可得5分	5			
	集会（含升旗仪式）	全程达标可得5分	5			
	午休	全程达标可得5分	5			
	考勤	请假手续完备，没有发现旷课、早退现象的得5分	5			
	墙报	达标可得5分	5			
	卫生日	卫生日平均分达9分以上的得5分	5			
	加分项：1.每学期仪表检查合格率达100%加2分。2.每学期获得流动红旗或每月文明达标奖每次加5分。3.劳动日平均达8分可加2分，达10分加3分。本大项最高累计可加10分		加分小计			

续上表

<table>
<tr><th rowspan="2">常规工作</th><th rowspan="2">具体项目</th><th rowspan="2">评分标准</th><th rowspan="2">分值</th><th colspan="2">得分</th><th rowspan="2">备注</th></tr>
<tr><th>自评</th><th>他评</th></tr>
<tr><td rowspan="4">3. 教学效果 25 分</td><td>期中考试情况</td><td rowspan="2">学生考试班总平均分在年级平均分以上得满分 5 分,达到年级平均分为 4 分,在年级平均分以下为 2 分。实验班与平衡班平均分分开计算</td><td>5</td><td></td><td></td><td rowspan="4">由教导处和科研组提供数据交德育处</td></tr>
<tr><td>期末考试情况</td><td>5</td><td></td><td></td></tr>
<tr><td>考风考纪</td><td>每次考试没有出现违反考场纪律的现象得 5 分</td><td>5</td><td></td><td></td></tr>
<tr><td>加分项</td><td>积极参加校外各类学科竞赛的国家级:1 人次或团队(在同一竞赛,下同)获奖的加 5 分,省级:加 3 分,市级加 2 分,区级加 1 分。最高累计只加 10 分</td><td colspan="2">加分小计</td><td></td></tr>
<tr><td rowspan="3">4. 宿舍管理参与率和成效 15 分</td><td>住宿生宿舍获奖情况</td><td>班级有学生宿舍一学期获达标寝室的得 5 分</td><td>5</td><td></td><td></td><td rowspan="3">由宿舍提供文字数据</td></tr>
<tr><td>住宿生教育情况</td><td>班主任积极配合宿舍加强对学生教育的得 5 分</td><td>5</td><td></td><td></td></tr>
<tr><td>班主任到宿舍走访情况</td><td>班主任一学期达到 10 次以上走访宿舍了解班级住宿生情况的得 5 分</td><td>5</td><td></td><td></td></tr>
<tr><td rowspan="4">5. 团学会活动 10 分</td><td>学生参与各项活动情况</td><td>班级每次均积极组队参加团学会组织大型活动的得 2 分</td><td>2</td><td></td><td></td><td rowspan="4">团学会负责提高文字数据</td></tr>
<tr><td>配合完成学校任务情况</td><td>班级积极配合团学会做好活动布置任务的得 3 分</td><td>3</td><td></td><td></td></tr>
<tr><td>参加各类社团情况</td><td>班级学生能积极参加各类社团活动表现较好的得 5 分</td><td>5</td><td></td><td></td></tr>
<tr><td>加分项</td><td>班级积极组队参加团学会组织大型活动获集体奖项的每次加 3 分,最高只加 10 分</td><td colspan="2">加分小计</td><td></td></tr>
<tr><td rowspan="4">6. 年级活动 10 分</td><td>学生参与阳光体育活动</td><td>班级积极参加阳光体育活动,表现较好的得 3 分</td><td>3</td><td></td><td></td><td rowspan="4">年级长负责提供文字数据</td></tr>
<tr><td>每月班级学生当选每月之星人数</td><td>一学期累计有 3 人以上当选的得 3 分,当选率超过年级平均水平的得 5 分</td><td>5</td><td></td><td></td></tr>
<tr><td>配合完成年级任务情况</td><td>班级积极配合年级做好活动布置任务的得 2 分</td><td>2</td><td></td><td></td></tr>
<tr><td>加分项</td><td>有突出好人好事的加 3 分</td><td colspan="2">加分小计</td><td></td></tr>
<tr><td>总分合计</td><td colspan="6"></td></tr>
</table>

高________年级________班　　　班主任:____________

参考文献

[1] 钟启泉,等.为了中华民族的复兴,为了每位学生的发展——基础教育课程改革纲要(试行)解读[M].上海:华东师范大学出版社,2001.

[2] 俞文钊.管理心理学[M].大连:东北财经大学出版社,2008.

[3] 莫雷.心理学[M].广州:广东教育出版社,2000.

[4] 邓如陵.公平差别阈理论与教师积极性的调动[J].高等师范教育研究,2003(01).

[5] 夏洛特·丹尼尔森,托马斯·麦克格利尔.教师评价——提高教师专业实践能力[M].陆如萍,译.北京:中国轻工业出版社,2005.

[6] 白铭欣.班级管理论[M].天津:天津教育出版社,2000.

(《班级管理评价中的"加法"和"减法"》发表在2010年12月发行的《思索、探索、求索》(ISBN 978-7-80153-902-8/I·496),该论文于2011年9月参加第九届广东中小学校长论坛征文获二等奖。)

当前学生不良品德的成因及矫正

摘　要：当前我们德育工作的难点之一，就是如何纠正学生的不良品德从而使其健康全面地发展，因此有必要对这问题进行探讨，以利于把握规律，指导德育工作的开展。本文尝试从学生不良品德的成因及教育矫正，进行理论性及实践性探讨。

关键词：不良品德　主客观成因　矫正教育

教师总希望把自己的学生教好，希望按照自己对于"好学生"的理解去塑造他们，其用心良苦，自不容非议。但在班集体中存在着不良品德与性格的学生却是客观现象。作为班主任，就应从实际出发，思考和研究自己的教育对象，从而采取切合本校学生实际的教育方法，摸索出德育工作的新路子。

所谓学生不良品德，是指经常违反道德准则或犯有较严重的道德过错，但尚未达到违法犯罪的地步。

学生不良品德是在某种不良的社会环境的影响下，通过学生内部的心理活动而逐渐形成的。造成学生不良品德的原因是极其复杂的，分析其产生的原因，是不良品德矫正的重要前提。

一　环境教育方面

(1)家庭环境的不良影响往往是直接的、大量的、潜移默化的。俗话说："父母是子女人生道路上的第一任老师。""养不教，父之过。"这都在不同程度上说明，家庭教育对孩子的成长发展关系极大。有人对农村小学学生做了一次调查发现：对老师批评无动于衷，缺乏进取心的学生中，有 81% 的人在家受过体罚；说过谎的学生中，有 64% 的人是由父母打骂才说谎；性格孤僻、冷漠、缺乏同情心的学生中，有 73% 的人在家时常处于棍棒威胁之下，或者父母关系不和；过于自私、贪婪的学生中，有 87% 的人常在家得到家长过重的物质奖励。综上分析，学生不良品德产生的家庭关系往往是：家庭成员有某种恶习；学生的不良行为得到家长默许或唆使；家长无原则的溺爱、袒护，或采取粗暴压制的方式；受家庭中腐朽生活方式的侵蚀，缺乏严格的管理；父母工作繁忙，或父母不和，或无人管教。因此在教育对策上，教师要做到因人而异。

(2)社会环境的不良影响。随着年龄的增长，学生尤其是中学生越来越容易受到社会中的消极影响。例如，各种不法分子欺骗、拉拢、威胁和教唆；黄色书刊和不良文艺的侵害；个人主义、享乐思想及其生活方式，社会上的不正之风、不良信息对学生造成的不良影响尤甚。

(3)学校教育工作的失误。社会主义教育是预防和矫正学生不良品德的主导力量，但有时也由于教育观点和方法上的缺陷，如只抓升学率而忽视思想品德教育；对不良品德的学生不能一分为二；教师教育方法失当，要求忽高忽低，方法简单粗暴；学校与家庭教育脱节；学校中“小团体”的不良习气等，都可能给学生不良品德的蔓延与恶化提供条件。

二 学生自身方面

(1)缺乏正确的道德观念，被强烈的个人欲望驱使。他们往往由于道德上的无知，分不清什么是善与恶，什么是美与丑，甚至江湖义气甚重，自我控制能力不强。

(2)意志力薄弱，道德观念不能战胜不合理的需要。

(3)个别由于被列为后进生，因而得不到应有的关爱，生活给予他们的不是指责和处罚，就是冷眼与歧视。因此形成他们反常的情感、挫折的情绪，甚至经常以反抗、破坏的形式来表达自己内心的不满，从而形成不良的品德。

“中学生德育工作的基本任务，是把全体学生培养成为爱国的，具有社会公德、文明行为习惯，遵纪守法的好公民。在这个基础上，引导他们逐步树立科学的人生观、世界观、价值观，并不断提高社会主义思想觉悟，使他们中的优秀分子将来能够成长为坚定的共产主义者。”实现这个基本任务，要求青少年学生在校做个好学生，在家做个好孩子，在社会上做个好公民。但是，在不良品德影响下，我们的青少年一代有没有可能达到这一要求？甚至如不及时矫正，这些尚属道德范畴内的不良品德，就有可能发展为违法犯罪。要知道，违法犯罪常常是不良品德发展的结果。因而，矫正工作就相当重要。

应当说，品德不良的学生不是不可救药的，他们是成长过程中受到毒害的青少年。所以应当满腔热情地关怀他们，挽救他们，把社会主义的道德要求，转化为学生的自学需要。实践证明，对他们进行教育不但是必要的，而且经过教育，他们也可能会有所转变。

对学生不良品德的矫正，作为教育工作者有必要注意如下几个方面：

(1)强化道德认知。一个人只有具备了正确的道德认知，才能对道德行为的对与错做出判断，选择正确的道德行为。一些学生之所以会违反道德规范，产生不良行为，往往出于道德上无知，是非观念不分。所以，要强化道德认知，应通过与学生谈心、对话以及各种形式的活动，向学生传递正确的道德信息，丰富、加深他们的道德知识，形成正确的道德判断能力，在实践中采取正确的道德行为。

(2)创设感化情境。品德有缺陷的学生，往往有自卑心理，但他们自尊心并没有泯灭，仍渴望得到别人的尊重。因此，教师要把握好学生这种自卑又自尊的矛盾心理，创设良好的道德情境去感化他们，尤其是建立诚挚的师生感情。“人非草木，孰能无情”，良好的情感环境，无疑有助于加速品德有缺陷学生的转化。因此，教师应真挚地爱每个学生，尤其对这类学生更要多亲近、爱护、理解，多和他们交谈，使他们感受到教师的期待，使他们愿意把教师的要求变成自己内心的愿望。特别是对那些家庭有缺陷、在家里得不到足够重视的学生，更应多下功夫，对他们给予更多的同情和关爱。只有这样，才能唤起他们的自尊心，树立自信心，激发上进心。同时，在做他们的工作时要注意方式，不要随便当众揭短、批评，更不能有损伤学生自尊和人格的言行。

(3)培养学生正确的审美观，促使学生去追求美好的事物。鉴于这类学生的特点与个性，如果一味地进行枯燥的说教，教育效果肯定不理想。只有我们在开展各项工作时，注意多采取那些能使学生在精神上感到愉快、舒畅，体验到情感上的满足与享受的方法，从而使他们摒弃那种以留长头发、戴首饰、吸烟、踩鞋跟、与老师顶嘴、讲粗口等为乐趣的美丑不分的心态和品德。因此，有意识地组织丰富多彩的校园文化活动、团队活动、旅游活动，使他们在参与这类活动时，投入大自然的怀抱中，感受到集体团结向上的力量之美，遵守纪律之美，礼貌待人之美，仪表端正之美，环境整洁优雅之美，大自然的磅礴气势之美。通过潜移默化培养学生鉴赏美、表达美和创造美的能力，从而促成良好道德品质的形成，是最妙不可言也是最佳的教育方法。

(4)加强意志锻炼。品德有缺陷的学生在转化过程中，往往会出现"旧病复发"的情况，究其原因，是因为这类学生缺乏坚强的道德意志，一旦遇到外界不良诱惑，会难以自制，重新犯错。因此，在不良品德的矫正中，一定要加强意志的锻炼。为此，教师可有意识地创设一些机会，以此锻炼他们的意志。例如，学生曾犯过破坏公物的错误，可根据情况让学生去管理班级财物，使他感受到老师对他的信赖与期望，从而纠正不良品德。同时教师要树立信心，做好充分的思想准备，反复地做工作，并启发学生自觉防止反复，巩固所取得的成绩。即使出现反复，也不急躁、不放弃，要耐心做工作。总之，要耐心抓、抓反复、反复抓，才能有所成效。

(5)针对个性差异。品德有缺陷的学生，其具体不良品德表现行为、原因各不相同，个性也存在差异。因此教师在矫正过程中，要具体问题具体分析，依据学生的个性心理差异进行教育。如有的学生性格内向，教师要循循善诱，解开他们思想上的疙瘩，调动其改正错误的内在动力；有的学生性格外向，教师要明确地指出其错误所在，进行直接但充满热情的批评，督促其改变行为；有的学生家庭环境不理想，教师要施以关爱，使其感受温暖；有的学生受不良社交的影响很深，教师要帮助他建立新的交往群体，阻断外界对他的不良诱惑。总之，只有针对个性差异，才能有的放矢，行之有效。

(6)充分运用教育的合力。做学生的思想转化工作。单凭班主任自身力量，不但可能费尽苦心，而且累得精疲力竭，却收不到效果。因此，要依靠一切可以利用的力量，包括学校领导、任课教师、家长、校外教育机构等，抓住教育的契机，做好这项工作，尤其要重视任课教师的力量。因为，协调好教师之间的关系，有利于实现校内教育的一致性，增强教师集体的教育力量，提高教育效果。例如，曾有一位学生当众叫语文老师的小名，老师感到非常气愤，马上找到班主任反映情况，并要求处理该学生。班主任在了解学生情况后，首先批评了该学生，并与这位语文老师达成默契，故意在第二天的语文课不到课室，班主任在语文课上严厉批评了这种当众叫老师小名的不礼貌行为，并说："语文老师再不肯给你们上课了，因为曾×同学对他极不礼貌，他说请你们另请高明。"一下子，这位同学的行为招来了大部分同学的责备与批评。此时，班主任没有用写检讨、表决心、找老师认错的老方式去解决问题，而是及时提出：为了解决这个问题，现在请我们班的班长与曾×同学亲自到语文科组办公室去向语文老师道歉并请老师来上课。这样，本来一场师生对峙的局面悄然化解了，对学生来说，吸取了教训，也受到了一次尊师重道的教育，因此心服口服。

另外，取得家长的配合，发挥家长的作用是非常重要的。有不少家长，教子心切，但方法欠妥，班主任要注意指导学生家长掌握正确的教育方法，尤其是利用每学期开家长会的时机，给予他们指导，更主要的是，让不同家长坐在一起，互相交流教育方法，更易于增进老师与家长的沟通，彼此达成共识。

(7)把握矫正的技巧。首先,要找准突破口,善于观察,发现他们的"闪光点",从这些"闪光点"入手,重新唤起他们的自尊心,打开一条通往学生心灵的道路。其次,把握好时机,当学生开始有转化迹象时,他们对教师、同学的态度往往十分敏感,教师要抓住时机,给予鼓励,激发他们改进错误的信心和热情。

只有我们热爱自己的事业,热爱自己的教育对象,才能获得教育的成功。在碰到事与愿违的时候,应该回过头来看看,自己的做法有哪些不符合客观实际,用现代信息论的说法,就是要进行"负反馈",从而找到正确的途径。

总之,在矫正学生不良品德问题上,没有包医百病的"灵丹妙药",因为教育也不是万能的。只有我们教育工作者采取正确的方法,持之以恒,学校、社会、家庭紧密配合,才会有成功的一天。

参考文献

[1] 广东省教育厅教材编审室. 青春期指导[M]. 广州:广东省高等教育出版社,1998.
[2] 皮爱民. 首席教师的思考:新世纪班主任工作艺术[M]. 长沙:湖南人民出版社,2000.

(本文撰写于2007年7月并入选《学校管理与中学生课堂问题行为研究》一书中(ISBN 7-81108-247-0/G·418),该书于2008年6月出版。)

浅论当前学生课堂问题行为的德育管理策略

摘　要：本文希望从德育层面分析中学生课堂问题行为表现、成因，探讨运用高效、人性的德育方式优化课堂教学，提高教学有效性的原则以及方法，即通过各种有效的德育手段、途径纠正学生课堂问题行为，提高学习效益，使学生能健康全面地发展和成长。

关键词：课堂问题行为类型　归因分析　德育管理　转化

我校作为一所生源不太理想的中学，学生的课堂问题行为既较为普遍，其表现形式也多种多样。我们深入研究学生课堂问题行为的表象从而找出规律，并采取一些切实可行的策略予以干预，有利于教师提高课堂效率，有利于教师集中精力提高教学加工能力，有利于我们教育教学效益的提高。从德育的角度看，德育对干预和矫正学生课堂问题行为具有潜在和现实的价值。学校的全体教职员工都是德育工作者，尤其一线教师更负有直接的教育责任。教师应从校情出发，思考和研究自己的教育对象，采取切合本校学生实际的德育方法，纠正学生课堂问题行为，提高学生学习效益，使学生能健康、全面地发展和成长。

一　对课堂问题行为表象归类

从我校课题组研究报告的分析来看，我校学生课堂主要问题行为的 13 种情况，归类起来有几种特征：

第一类：思维过度活跃型。这类学生对自己感兴趣的课堂话题和课堂内外发生的状况反应比较迅速，但由于该类学生兴奋过程的扩散能力强，集中能力较弱，因而一般都会发出一些错误的、离题万里的信息，引发课堂的混乱。这类行为容易导致教学过程的中断，分散其他同学的学习注意力。

第二类：左顾右盼型。该类学生精力充沛，无心向学，但又不甘寂寞，经常以玩弄手机、阅读课外书打发时间，如果遇上老师上课管理不严，就会丢纸条，传递无聊信息，甚至引发周边同学议论课外话题。

第三类：精神呆滞、想入非非型。该类学生一般因为受主客观因素影响，导致情绪低落，精神涣散，甚至可能因为过度的情绪焦虑得不到发泄而引发精神性疾病。

另外还有昏昏欲睡型、故意捣乱型等课堂问题行为。

二　对上述表象的归因分析以形成学校德育管理的整体策略

(1)从心理学角度看，学生发生课堂问题行为属于注意力不集中、情绪不受控制，甚至由于对自身认可度不高，在课堂找不到也缺乏对学习的价值感，缺乏价值感当然就谈不上爱学习，不爱学习就会引发课堂问题行为。

(2)从生理学角度分析,出于各种原因,学生的睡眠不足、营养不良或过剩、青春期发育过程,导致出现课堂问题行为。当然,从生物遗传学的角度考虑,不良遗传基因的影响诱发学生心理问题,也可能导致课堂问题行为。

(3)从行为学的角度看,行为学认为,人的知识素养在行为中具有主导的地位。一个有丰富知识的人可以克服性格上的许多弱点,使自己的行为有理性和有预见性。可以据此分析,文化知识越贫乏的学生,理智也相对贫乏,其课堂行为就容易由自己不良的性格来主导,由此产生问题行为。

(4)从家庭因素看,家庭环境的不良影响往往是直接的、大量的、潜移默化的,俗话说:"父母是子女人生道路上的第一任老师。""养不教,父之过。"这都在不同程度上说明家庭教育对孩子的成长发展关系极大。有专家曾对农村小学学生做了一次调查发现:对老师批评无动于衷,缺乏进取心的学生中有81%的人在家受过体罚;说过谎的学生中,有64%的人是由父母打骂才说谎;性格孤僻、冷漠、缺乏同情心的学生中,有73%的人在家时常处于棍棒威胁之下,或者父母关系不和;过于自私、贪婪的学生中,有87%的人常在家得到家长过重的物质奖励。综上分析,学生课堂问题行为的产生的家庭原因往往是:家庭成员有某种恶习;学生平时的问题行为得到家长默许或唆使;家长无原则的溺爱、袒护,或采取粗暴压制的方式;受家庭中低俗的文化教育和生活方式的影响;家庭教育中缺乏严格的管理;父母工作繁忙,或父母不和,或无人管教。可以说,学生课堂问题行为或多或少是家庭教育不当甚至失控的一个缩影。

(5)从学校管理因素看,学生课堂问题行为与教师组织能力、驾驭能力、教学水平和教育智慧的高低有直接关系,不良的班级文化、人文环境的构建也可对课堂问题行为的产生起了一定的催化作用。

(6)从学生同伴因素看,不良学生小团体往往是以无心向学作为互相交往的心理前提结成同伴关系的,这类小团体更容易产生对学习的抵触情绪,并联合起来扰乱课堂秩序,以此达到心理上的满足。

三 构建学校德育管理整体策略

(1)德育理念先行。任何管理行为的开展应该以建立明确而富有时代气息的理念为前提,以指导实践。例如我校以贴近学生实际、贴近时代需要为出发点,构建了"崇善、乐学、健康、责任"的德育理念,既给学生非常明确的思想道德发展的方向和目标,也对教师在课堂教学中渗透学生德育起到指导作用。

(2)建立分层的德育导向。德育分层导向的确立对教师如何针对不同学生特点渗透课堂德育有着重要指导意义。根据学生课堂问题行为发生的归因,为了更好地指导教师在课堂教学中落实德育理念,学校开展德育管理应该建立既符合德育规律,又不脱离学生年龄特点的分层德育导向。初中学生以行为规范养成教育为主。教师的课堂教学应该善于开展潜移默化的渗透性德育,懂得结合各类学科特点施以对学生良好的行为习惯、生活习惯、心理品质、纪律意识、秩序意识的教育,确立公德感、集体感,让他们成为一个品行端正、学习上进、心理健康的初中生。而对高中生则以正确的世界观、人生观、行为观为导向。在实施过程中,教师也应结合学科教学特点,在课堂教学中不断渗透天地人和谐相处的价值观,教育学生学会善待自然，善待自己、父母、他人，有良好的道德素养和责任意识；教育学生面对学习要学会面对挫折和困难考验，培养健全的人格和积极、乐观的心态；能正确处理异性交往问题，学会过滤不良信息影响，有较强的自制力和自律感；能积极参与学科探究实践活动，培养敢于展示自我、敢为人先的勇气以及善于合作的良好品质。

(3)构建具有积极意义的学校德育环境。学校环境既包括校园自然环境和人文环境（包括教师之间、学生之间、师生之间的人际环境、学校文化环境），还包括学生行为规范、课堂规则、学生喜闻乐见的文化活动等德育环境。美好的校园自然环境和人文环境可以陶冶学生的性情，培养学生对学习和学校的情感和品德，反之会使学生产生烦躁的情绪和暴躁的行为。

同样，良好的德育环境建设对矫正学生课堂问题行为有着积极促进作用。有关研究表明，大部分的学生与教师都期望高效的纪律。构建具有积极意义的学生行为规范，对学生个体而言在于明确自身在课堂内外的行为是否与集体利益有冲突，自身如何在集体中获得更高的认同感，从而获得更多的集体归属感，实现个人价值。

针对课堂问题行为解决方案，学校管理者在制定学生行为规范和课堂规范时，应该考虑几条原则：一是注重课堂师生共同参与解决。即问题发生后该课堂的教师与学生通过谈话共同选择和决定解决问题的方案，既让学生意识到自己也有责任管理自己的行为，并对自身行为进行价值判断，也要求科任教师注重自身处理课堂纪律的角色作用，通过问题的有效解决提高科任教师个人威望，而不是过分强调班主任、学校的干预。二是既要注重奖励、激励作用，也不忽视适度惩罚的教育价值。奖励、激励、表扬的作用在于让学生对学习活动会采取更为积极进取的情绪，从而产生持久的学习意愿。所谓适度惩罚，既要考虑不同程度的课堂问题行为应采取不同程度的惩罚，也要结合学生不同的耐挫力给予必要的惩罚，还要给予学生一个适度时间的行为修正过程以及如何修正和改善的方式、方法，而不是要马上收到立竿见影的效果。

当然，学校或学生团体组织定期健康文化活动，对保持学生积极的学习心态也是非常重要的。学校组织丰富多彩的校园文化活动、团队活动、旅游活动，使学生在参与活动中，在投入大自然的怀抱中感受到集体团结向上的力量之美，遵守纪律之美，礼貌待人之美，仪表端正之美，环境整洁优雅之美，大自然的磅礴气势之美。通过这种潜移默化的方式培养学生鉴赏美、表达美和创造美的能力，让学生热爱学校，热爱学习，是解决课堂问题行为最妙不可言的教育方法。

(4)注重教室文化建设。学生课堂问题行为与教室文化有着密切联系。有丰富、成功德育经验的班主任都知道，构建良好的教室文化就如同构建学生的精神家园，对改善学生的课堂问题行为起着全面立体、潜移默化的作用。它既能让学生感受到积极美好文化和环境的魅力，激发班集体的凝聚力和向心力，又能调动学生课堂的积极学习情绪。通过学生积极情绪的形成，对改善学生不良性格和课堂问题行为的发生具有积极意义。

班主任在构建教室文化中，应该明确几点：构建活动应该是教师有目的有意识地引领学生确定明确的发展方向，它既不是教师个人的意志体现，也不是学生的放任自流，而应该是师生共同构思、共同缔造的精神活动，让学生产生归属感。构建班级精神文化既可结合学校要求，也可结合本班年级特点，更可结合本班的学科特点，从而激发学生对学科学习的积极认同感，如我校高二化学班利用“苯”性质稳定，结合非常牢固，排列十分紧凑的结构，构建班集体核心精神，从而对学生产生健康向上的情感。构建活动应更多彰显学生的积极行为和美好的学生形象，让学生在教室里产生安全感和自豪感。班主任还应关注班里学生同伴的影响力，根据不同性质的同伴关系采取有效措施促成不良学生同伴向积极方向转化，从而促进良好班集体文化氛围的形成。

(5)课堂上教师德育干预策略的形成。据大洋网的报道，广州某学生论坛做出的“你最不满意老师哪种行为”问卷调查显示，当全班的面骂学生，没收 MP3、手机，学生上课看其他书、做作业时撕烂学生的书本，经常拖延下课时间，作业多，罚站，等等，是学生们最不满意的教师行为。调查显示出这些行为有不少是课堂上教师针对学生问题行为而采取的惩罚性手段。尽管这项调查的目的和选项设计本身是基于学生角度设置，具有一定的主观性，但是，这些是学生最不满意老师的行为也是一种客观事实。学生课堂问题行为的发生可以说跟教师个人的课堂表现有密切联系。问题教师教出问题学生。因此，解决课堂问题行为关键在于课堂上的教师，而教师要有效解决课堂问题行为的德育因素，表现在教师的责任心、教育经验和智慧水平、教师对工作的坚韧性。

首先，责任心是教师解决课堂问题行为的思想前提。有责任心就意味着教师不仅要采取积极方法干预课堂问题行为，而且还要做好事后的跟踪教育，而不是不了了之。有责任心就意味着教师干预课堂问题行为是出于对学生的关爱和对学生负责的态度，而不是自己不良情绪的宣泄。有责任心就意味着教师要不断学习，提高自身的教学业务水平，让学生喜欢自己的教学。有责任心还意味着教师要把握好课堂教育的尺度和分寸，以不伤害学生的人格作为底线。

其次，教育经验和智慧是教师应对和处理课堂问题行为的关键。实际上，有教育经验和智慧的教师往往具有较强的个人魅力，能够非常有效解决学生课堂问题行为。

有教育经验和智慧的教师懂得创设感化情境，防止问题行为的发生。相比于课外，课堂上，学生会更多地渴望获得同学和老师的尊重。因此，教师在课堂上要把握好学生这种心理状态，在较小的课堂学习竞争中去创设良好的道德情境，从而启发他们积极参与学习活动。“人非草木，孰能无情”，在一个良好的情感课堂环境中，无疑会加速问题行为的消失和转化。因此，课堂上，教师真挚地爱每个学生，尤其要关注容易发生问题行为的学生，给他们亲近、爱护、理解，让他们感受到教师对他们积极学习行为的期待。

有教育经验和智慧的教师在课堂上一般会调动思维机器冷静而理性分析学生问题行为的发生，并会针对学生差异采取不同的干预方式。对已经发生的课堂问题行为，有智慧的教师会注意把握教育的方式和教育语言，让学生感受到你对其行为的干预是出于关心、爱护他。尤其是对那些家庭有缺陷的学生，教育要更富有同情心，对他们更多的是鼓励式的批评。

为了更好地解决课堂问题行为的发生，有经验和智慧的教师会主动通过各方力量，包括班主任和家长的力量，来解决问题，化解矛盾。

最后，教师还要有应对更多课堂问题行为发生的思想准备。矛盾是普遍存在的，再好的学生也会有课堂问题行为的发生，这个行为解决了还会有另一种问题行为的发生。因此作为教师应不急躁，不放弃，耐心抓，抓反复，反复抓，才能教有成效。

(6)关注家长学校建设,注重教育合力解决课堂问题行为。问题家长教出问题孩子。教育作为系统工程,家长的理解、支持和配合是我们德育工作不可缺少的因素。如何引导家长积极参与学生问题行为(包括课堂问题行为)的干预,是我们解决问题的重要环节。为此,一要注重课题研究的开放性原则。告知家长学校课题研究数据、研究过程、研究结果是引入家长力量配合支持解决课堂问题行为的重要基础。向家长公开课题研究,有助于帮助家长理解学生产生课堂问题行为的家庭影响因素,并采取较为积极的家教方式协助和配合学校工作。二要注重教育对象的分层性原则。学校应根据不同年龄和不同层次的学生发生课堂问题行为的特点,研究不同层次家长学校的校本培训机制,制订相应的培训策略。三要注重培训策略多样性原则。在策略的制订上,既可采取固定班级形式进行培训,也可考虑打破班级的界限,对特定的家长进行培训;既可采取校内专门教师培训,也可请进专家进行培训,还可通过定期组织"家长经验交流沙龙",让家长们分享各自教育过程中成功和失败的经验,引起共鸣,以此改变大部分家长的家教观念。

参考文献

[1] 广东省教育厅教材编审室.青春期指导[M].广州:广东高等教育出版社,1998.

[2] 莫雷.心理学[M].广州:广东高等教育出版社,2000.

[3] [美]Dale Scott Ridley,Bill Walther.自主课堂[M].沈湘秦,译.北京:中国轻工业出版社,2001.

[4] 王宁.今天,我们怎样做班主任[M].上海:华东师范大学出版社,2006.

(本文入选《学校管理与中学生课堂问题行为研究》一书,2008年6月出版。)

第三章 职教情怀

7年的职教生涯，对本人而言感受颇多，用“情怀”二字来形容这7年经历不为过。职业学校倡导做学合一、工学结合，但由于众所周知的主客观原因，职校学生的学习基础和知识水平束缚了他们的学习与发展能力，再加上师资、课程、社会重视程度等综合因素，学生面对工作岗位的挑战时，即使学习了一技之长，但其职业发展提升能力明显不足，鲜有获得较大社会成就的事例。为此，这7年时间，本人用文字记录了过去种种的教育教学行为，探究职校学生生活的轨迹，试图了解这些学生在他们人生阶段在原生家庭，在基础教育阶段学业、习惯养成、能力培育方面的问题。希望通过构建“生活德育”“积极教育”的模式帮助学生找到最佳路径，以更幸福、更自信的职业认同心态面对来自社会和工作的挑战，强化学习动机的养成，培育终身学习的态度和行动，从而实现人生的逆袭。

职业学校必须走特色之路

——参加中职校长提高班学习的一些思考

这段时间一直在外面学习，两周在广州大学和北京师范大学的理论学习以及一周赴东北考察，既拓宽了我的眼界，增长了见闻，又对当前社会政治、经济和文化教育的发展有了更为清晰的认识，而且对如何办好黄埔职校有了更多符合实际的想法。

一 关于我思考的一些前提

第一，职校可以为黄埔经济发展提供更多的中等职业人才支撑。

德国二元制职教体系成为德国战后经济腾飞的关键因素，恰恰说明了发展职业教育对区域经济的支持有着至关重要的作用。职业教育与普通教育都是我们当前两个主要的人才培养体系，忽略任何一个方面都不利于一个地区、一个国家的发展。所以我区大力发展职业教育，把职业教育摆在优先发展的战略地位是深谋远虑、高屋建瓴的决策。

第二，职校的发展必须走自己的路。

首先要对黄埔经济发展态势和黄埔职校当前的实力有一个清晰的定位。我们既不能像深圳宝安职校那样每年有强大的政府财力支持发展校企合作，也不能像北京、长春等地的先进职业学校那样要人有人，要钱有钱，更不能复制、照搬我市诸如财经学校或者旅游商务学校等这些充分利用十年前的中职改革已经形成规模、走在最前列，并且为此积聚了强大的物质基础和厚实的人际资源职教航母的办学经验。既然没有强大的经济实力为支撑，也因为没能在上一轮的中职改革中扎实开展学校内涵发展而错失了发展自己的机会，所以我们必须闯出一条具有黄埔职校办学特色的道路。

二 关于黄埔职校三大特色、五大工程的办学思路

第一，德育立校、德育兴校，大力开展做人教育的理论与实践探索。

一年多来，通过校企合作，我深深地感到由于黄埔职校学生职业素养整体水平的低下带来的负面、消极影响缠绕着这所学校，导致办学形象不佳。从最近这两年的顶岗实习中，我发现，不少学生由于不良的行为习惯（抽烟、粗口、不良的业余爱好）、不良的职业心态和职业行为，也使不少优质企业对黄埔职校办学产生了怀疑。由此，我深感开展职业素养教育的重要意义。

（1）规划校本职业素养课程，形成办学特色。以“三色”德育课题为平台，结合职业素养与职业技能并重的原则，大力开展德育课改革，为职校学生编写一套以“成功职业人生”为核心，涉及区情、校情等职教文化、职业人格和品德教育、自我管理、求职与就业规划等内容的校本《职业素养》教材。争取一年级校本教材在2012学年开始使用。实践上，建立“劳动服务周”体验式志愿者活动，每个班轮流担任为期一周的校内志愿服务活动（包括门口值周、课堂和课间秩序维护、各类评比工作、校内环境保洁、电子商务专业实习超市售卖志愿服务和饭堂秩序维护等等）。力争在做人与做事上既有理论也有实践性的探索。

（2）以体艺为突破口，大力开展体艺特色教育。我考虑的是有两个方面的内容：首先是在汽车班设立篮球体育特色班。其次，为了进一步落实“每天一小时、每生一特长、每月一竞赛”的要求，结合我校体育科师资力量、企业对人才在体育方面的要求以及体育项目本身普及性等情况，我校将大力开展“篮球文化”和“健康操文化”的建设。组织教师设计黄埔职校篮球操、组织男/女子篮球队、开展篮球节、举办健康操比赛、开展舞蹈节活动等等，积极组织体艺文化交流，形成学校的体育文化特色。以体艺文化特色真正实现“每生一特长”的要求，在发展特长的同时潜移默化地实现良好道德品质、良好身体素质的教育效果，为学生的职业人生创设更为广阔的平台。

（3）与公益社会机构合作开展公益教育活动。与广州市义工联盟合作开展“绿叶”工程实践活动，通过帮扶健非健、残非残的学习障碍者进行职业技能培训，在校内形成一股人人懂得感恩、人人学会包容、人人承担责任的教育氛围。

第二，大力开展五大工程。

名师建设工程：根据二八理论，大力打造名教师和骨干教师。一是设立名教师工作室，发挥名教师示范和引领作用。二是开展骨干教师五年培养计划。五年内计划派出50名骨干教师对象到北师大或海外友好学校开展职教培训课程，不断激发教师教学积极性，革新教师的教学教育思维。力争各专业均配有2～3名骨干教师，在此基础上培养和造就各学科和专业的带头人。同时要大力开展教师到企业跟岗实习实践活动，提高教师专业实践和理论应用能力。

名生建设工程：积极依托省、市技能竞赛和体育文化的特色项目建设，在学生技术应用能力的提高上下功夫，培养一批职业素质好，技能水平高，在专业和体艺方面具有突出表现的学生团队。营造“企业要学生，找黄埔职校”的良好局面。积极开展国际文化交流活动，开拓建立学生赴海外学习的文化交流机制。

实训基地建设工程：真实的企业环境，先进的生产设备，是学校实训基地建设所难以达到的，因此，在学校当前经费相对比较紧张的情况下，除了通过节省开支购置实训设备外，更重要的是要政府牵线，在自己主动出击、努力开拓下，通过积极开发和依托企业建设校外实训基地，弥补学校在实训设备上的不足，发挥校外实训基地在学生能力培养、综合职业素质提高中的特殊作用。

专业建设工程：第一，课程设置中严格按教育部要求合理、规范专业课与公共基础课比例，以学生够用和实用为基础，对文化课进行适当的增减。第二，针对区域经济的产业结构，一是调整专业结构，优先设置区域经济发展急需的汽车、电子、数控技术、机电一体化、模具制造等二产类专业，并积极开展订单式培养，提高人才培养的针对性和适应性。二是为开设新专业做好充分的市场需求调研。第三，改革目前专业管理架构不合理的状态，在现有基层管理架构基础上设立四大专业群，包括汽车部、数电部、商务部、信息技术与艺术部。第四，开展重点专业建设，加大投入力度。现阶段重点建设汽车维修、电子商务、机电一体化等专业,并加大对重点建设专业的投入。

校园文化建设工程:在校园内建设一批人文景观,包括图书馆、羽毛球场改造,建设黄埔职校国学馆,营造浓郁的文化教育氛围。

(本文撰写于2014年1月。)

广州市黄埔职校“四合”产教融合模式的情况综述

近年来，随着各级政府部门对职业学校办学的力度不断加大，黄埔职校锐意创新、狠抓质量建设，不断提升内涵建设的品质，在办学中逐步形成了“产教融合强专业、校企合作建课程、理实结合抓实训、学做合一提素质”（“四合”模式）下的专业建设特色。

一 构建校部管理，凸显专业特点

广州市黄埔职校目前有10个专业，进行校本二级管理，由于学校各专业规模的问题，为了强化学部自主管理意识和课程、人力资源整合考虑，学校目前分三大学部，分别是幼教学部：学前教育专业；商贸信息学部：会计、电子商务、物流服务与管理、计算机网络技术（物联网技术应用方向）、计算机平面设计、计算机动漫与游戏制作等专业；工业与制造学部：汽车运用与维修、机电技术应用、数控技术应用专业。

二 总体情况

目前，黄埔职校校企合作基本上可分为两个阶段，如图1所示。

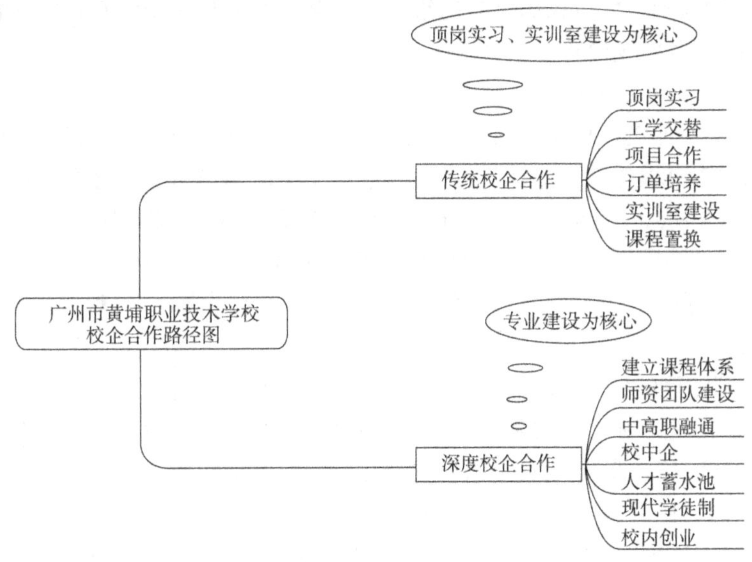

图1　黄埔职校校企合作示意图

三 开展“四合”模式，深入产教融合

基于对多年校企合作存在问题的认真反思，我们认为中等职业技术学校走内涵发展、质

量提升之路，必须探索深度校企合作模式，为此我们以"产教融合强专业、校企合作建课程、理实结合抓实训、学做合一提素质"的"四合"模式开展产教融合专业试点改革，取得了初步的成效。

（一）产教融合强专业

我们能紧跟区域经济结构转型和产业调整步伐，及时调整专业设置，打造与本地区重点扶持的产业相对应、与市场需求相一致的专业。依托黄埔强大的工业制造发展势头，打造工业制造与加工类专业群；围绕国家重点扶持与发展的朝阳产业——国家级电子商务示范基地、物流基地以及物联网产业基地，打造商务与信息技术专业群。

学校建立科学、合理的专业动态设置机制，聘请企业专家，成立专业建设指委会，定期开展企业调研、劳动力市场调研和毕业生追踪调查，为专业设置和改造提供依据。近三年，依托黄埔周边产业发展的需求，增设了物联网、平面设计两个新专业，并以"产教融合项目"为引领，通过联想特色班、中德诺浩班、川力创业班等模式，开启了学校汽车、信息技术、电子商务专业深化改革与增强实力的大门。而对进出口不畅、不具发展潜力的专业进行撤并或改造，使专业设置更为合理，专业链日益完善，与地方经济的契合更加紧密，既增强招生的吸引力，又从出口保证了毕业生的就业质量。

（二）校企合作建课程

学校按照"工学对接"的思路，定期开展行业企业调研，广泛收集各专业对应的产业链、岗位链信息，归纳、分析岗位的典型职业活动，确定专业核心课程。并以此为基础，构建项目引领、任务驱动、工作过程领域知识为核心的理实一体化课程，实现课程与岗位的对接。

1. 课程引领构建联想3C服务中心

在课程深度改革理念下，我们与联想集团合作共建"教学 + 科研 + 生产 + 培训 + 外包服务"的一体化、多维度校企合作新模式。

（1）以产业需求为导向开发与企业对接的IT精品课程体系。合作期间，联想提供高级讲师2～3名与我校成立项目组，共同设计符合黄埔及周边区域产业及我校战略发展的IT服务行业人才培养课程体系——具有联想特色的LCSE认证体系（含开发的13门企业课程，包括7门专业核心课程和6门实训与顶岗实践课程）。同时，根据企业提供LCSE认证体系，学校成立了由联想提供的高级讲师与我校教师组成的开发小组，结合学校的实际情况，对这13门企业课程进行二次开发，开发出针对符合本学校实际情况和要求的13门校企课程（包括7门专业核心课程的工学一体化课程和6门实训与顶岗实践课程）。

（2）以课程引领培养真正意义上的"双师型"教师队伍。通过上述课程开发与实施，在对我校正常教学秩序影响不大的基础上，通过一年时间教师"边跟岗、边教学、边研究、边培训"的路径，以教学法培训、专班管理培训与交流、跟班的演练、课程的试讲与认证、企业讲师的上岗答辩等方式，提升教师授课的专业能力，企业为学校培养出7名信息技术和职业素养类的双师型教师。这种"输血式"的队伍改造，对打造一支专业技术过硬、实践经验丰富、职业精神较好的真正意义上的"双师型"教师队伍是一项非常务实的实践性活动。

（3）以课程引领打造"IT服务"标准，准确把握人才培养岗位定位。专业建设的第二要素是实训基地建设。联想本身是一家成功的世界500强企业，卖设备给学校不是它的盈利点，在学校建立"联想3C服务中心"实训基地是为了培养符合联想企业规格的IT运维服务技能人才,因而与学校共建的“IT 服务实训中心”贴近了 IT 运维行业要求的工作标准,对学生将来就业和创业来说是具有非常重要的意义和作用。

(4)课程开发深度进行,构建校企双赢局面。

目前,项目建设在向纵深方向发展,为了有合作项目更加宽广的发展前景,我们在区政府的支持下着手建立“校中企”联想—黄埔职校 PC + 服务人才培养实习基地。并通过接收客户的电子产品等运维服务、教师学生实习培训以及外包我区教育系统所有 IT 运维服务的项目,实现该基地师生实习培训 + 真实运营服务的多功能的办学目标。

总之,引入“联想 3C 服务中心”,从近期看,是打造专业品牌,提升专业层次、质量,为其他专业人才培养模式改革提供真实范例。

2. 中德诺浩项目引进,改善专业课程结构

黄埔职校汽车运用与维修专业是广东省“重点建设专业”。专业教学中引入德国培养模式,与中德诺浩企业合作,为汽车行业培养高端技术人才,校企双方于 2013 年 4 月签订了《黄埔职业技术学校与中德诺浩开展紧缺技能汽车人才培养项目合作协议》。

目前开设“汽车维护与保养技师”和“汽车技术服务与营销员”2 个专业方向,该合作项目具有以下合作特点:

(1)德国课程本土化。该项目所有课程均使用源自德国并实现本土化的教材及教学资源包,保证了理论与实训教学符合国际行业标准。

(2)小班化教学提升教学有效性和针对性。按照企业要求,本项目的教学全部使用小班授课,并以实操为主,用“工作流程导向法”展开“工作任务单”教学,充分调动学生学习的主动性,着重培养学生自己动手解决实际问题的综合能力。

(3)中职、高职与企业三方共建“双师型”队伍建设。中德双方组成一支以德国专家、国内高职院校骨干教师为成员的一流专家团队,合力为我校培养出一支与企业技术水平同步的德国“双元制”教师队伍。目前我校项目教师已经参与中德诺浩公司组织的技能、考试评价等方面的培训并获得优异成绩,为该项目可持续发展打下重要的师资保证。

(4)校企合作共同评价保证人才培养质量。该项目中,企业方和德国方专家亲临考试现场的“第三方评价”的人才质量评价机制,颁发德国技能证书,并保证推荐到国内德系车 4S 店就业。在 2014 年 1 月我校中德班进行的学期专业课程考试中,所有考官均由奔驰、大众企业 4S 店的技术经理和技术骨干担任。在第三方考核中,学生的专业水平得到了企业的高度认可,并通过与企业的交流,为后续教学和专业发展提供了来源于企业一线的依据与指导。

3. 引入企业精品课程,提升课程质量

思科网络技术学院项目,是黄埔职校引入最早也是合作时间最长的校企合作项目。在广州,黄埔职校是中职第一间思科网络技术学院。该项目初步实现了课程内容与职业标准对接、教学过程与生产过程对接。其项目在于电子教程的特色,学生理实一体的实训环境实现了教学有效性;寓教于乐的游戏、互动练习让学生高效的学习,视频动画让学生身临其境,大量的实验操作使学生学以致用,节节过关的练习让学员练就扎实的基本功,虚拟实验保证了每个学生有自己的实验室(随时、随地、随处可做实验,前提是有平板电脑),模拟真实场景的技能考核、科学的评价体系让学员全面了解自己的学习成果、不断更新网上学习资源,等

等,使专业教学效果得到进一步增强。

(三)理实结合抓实训

学校高度重视工学结合、校企合作的人才培养模式改革,成立校企合作工作领导小组,制定《校企合作管理制度》,与30家企业签订合作协议,建立稳定的校外实习基地,顶岗实习对口率达92%以上。我校校企合作实训模式基本有三类:

(1)校企一体——以3C联想项目为例,与联想集团组建利益共同体,实现资源共享、校企一体的良好办学生态。

(2)“企驻校”——遴选行业骨干企业,共建校内实训基地。以川力M2C电子商务校园创业项目引领专业建设为例,我们通过该项目进一步提升了电子商务实训质量。

2014年,学校电子商务专业与广东川力网络科技有限公司合作共建川力M2C电子商务校园创业项目。其特色为:

①实现校园创业公司经营项目及盈利模式。通过经营管理项目、广告业务、设计业务、推广业务、影视业务、创业辅导业务等,帮助学生通过自主创业实现就业方式的转变。

②实现校园创业公司愿景、价值观和使命。通过让人人都拥有网络平台,校企合作打造互联、互动、互惠的电子商务生态圈。实现企业文化与学校文化的有机结合。

③明确的校园创业公司组织架构及职能分工,把企业管理模式引进课堂。校园创业公司由总经理办公室、财务部、人力资源部、品牌中心、设计中心和业务中心组成,如图2所示。

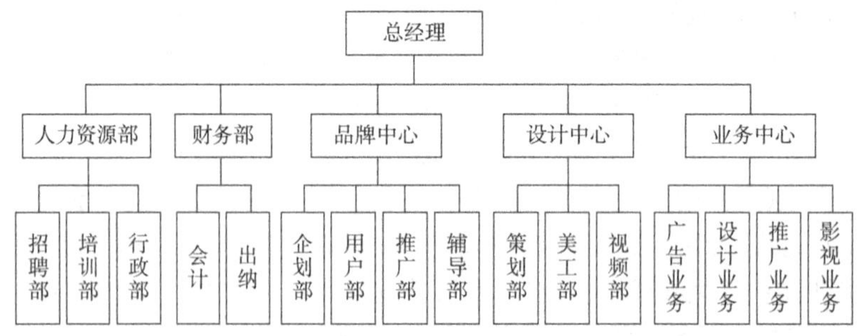

图2 校园创业公司管理架构图

④引进创业公司员工绩效考核办法开展专业实训评价。专业的学生参加电商实训并获得阶段性实训合格证书,并通过创业公司人力资源部的招聘考核聘用为创业公司员工。创业公司员工按照实业公司管理模型,将理论培训、应用实战与职场就业全面结合,开展绩效考核和淘优劣汰,并与创业公司员工收益和升职挂钩,让实训学生真实体验并提前适应职场规则,赢在职业起跑线上。

(3)校中园——建设校办幼儿园,对接产业,除为幼儿园提供课程和师资外,也为幼儿园输送合格人才。

东港幼儿园是黄埔职校的附属幼儿园,开办两年来,除了发挥其学生实训和教师的教学研究作用外,我们依托附属幼儿园大力开展符合学前教育特点的人才培养模式研究,提升实训效益。一方面,学校聘请东港幼儿园管理者和一线的教师参与专业建设,推进学前教育专业的教育教学改革与发展,以培养学生能力为本,促进专业课程内容与职业标准对接。通过教师集体教研、定期安排专业学生到附属幼儿园开展教学见习等理实一体学习活动,开展实习生能力状况分析研究活动，并动态调整专业实训的教学措施、教学计划，不断改善学前教育专业学生的实训质量。另一方面开展课程互送，促进教师成长。学校聘请了附属幼儿园教师担任专业的《幼儿园保育员》中级考证授课，受到学生普遍欢迎。同时，学校与幼儿园共同开展幼儿园音乐活动课程研究，专业教师到幼儿园开设专题性的音乐活动课程，受到中大班孩子的欢迎。通过课程互送，教师互派，共同开发园本课程，让学校与幼儿园有了更深入的合作。此外，学校还充分发挥两名心理教师的作用，每学期都为附属幼儿园家长开展家长心理课程辅导，并进行心理咨询活动。活动的开展为学校教师积累学前孩子真实的材料与数据开展幼儿心理教学丰富了教学资源。“教、学、研”一体化的办学模式，园校双方实现双赢。

（四）学做合一提素质

学校遵循专业能力培养规律，通过组织三期的与联想集团合作的教育教学培训、一期的教育部职业核心能力培训等活动，培养教师开展“学做合一”的行动导向教学的能力。并相继完善了相关专业教学管理制度，从教学计划、教学环境、听课评价、实训课上课模式、企业参与等方面实施，整体推进。

学校目前所有专业（包括部分文化课）均开展“学做合一”教学课堂，学校领导带头上示范课，专任教师人人上公开课，每学期初组织教学督导周和各项公开课活动，促进“学做合一”深入课堂、深入人心。

应该说，从企业培训模式中启发而在专业课程开展中蕴含企业文化内涵的“学做合一”行动导向教学，学生认可度高，上课参与积极性好，使专业教学始终保持与生成实践的紧密结合，学生的技能水平得到提升，行业企业的认可度逐年提高。近几年广汽本田、奔驰龙星行、海格集团、舒适刀片、南方物流、亚马逊等国内外高端优质企业对我校毕业生的认同，以及上述联想、中德、川力等项目的实施说明，“学做合一”模式下专业建设在我校已经呈现出“学以致用，用以促学”的良性循环。

四 存在问题

（1）政府应尽快配套建立和完善促进产教融合、校企合作共同兴办职业教育的政策导向与法律保障。

（2）建立鼓励行业参与职业教育的激励机制。

（3）现行的 2 +1 顶岗实习培养模式严重扭曲了设置初衷，不利于推进深化产教融合与校企合作，也不利于中国所需要的培养工匠精神和工程师精神的社会氛围的形成。

产教融合办专业，已是不可逆转的职教新常态。只有顺势而上、顺势而为，深化专业和课程改革，强化内涵建设，优化发展环境，才能保证专业质量和人才培养质量稳步攀升，才能保证黄埔职校办学水平和社会声誉不断提高，这已是得到区教育局的高度认可，成为全校上下的共识。

（本文撰写于 2014 年 5 月。）

黄埔职校上“国重”以后如何“内涵式发展”的思考

今天，我站在黄埔职业技术学校（以下简称黄埔职校）报告厅做发言，感慨万千。想表达三层意思：一是我的工作经历。二是我对学校的工作感受。三是我的工作设想。

一　我的工作经历

我对到职校任职的态度是：借用王国维大师对人生三重境界的表述来形容我现在的心情，如果说我毕业分配到地处偏远的八十四中工作，并历经了整整20年教学生涯之后离开，可以用“昨夜西风凋碧树，独上高楼，望尽天涯路”来形容我的第一重人生境界。在八十四中的日子，是我最经受考验的岁月。八十四中也是地处偏僻，学校生源较差，师资力量比较薄弱的一所学校。也就是在这样的环境里，历练了我不怕困难，顺流逆流均能应付自如的坚强的心理承受力。我是在八十四中成长起来的干部，有着许多的领导和同事对我的关爱和培养，所以对八十四中有着一份独特而深厚的感情。

在我带着依依不舍的情结离开八十六中之际，我可以用“衣带渐宽终不悔，为伊消得人憔悴”来比喻我的第二重人生境界。在八十六中短短一年，在李赤校长身边，和其他行政干部与同事一起执着追求、忘我奋斗的工作经历，让我受益匪浅的同时，也让我在这个学校留下了让自己和别人都难以忘怀的深刻印记。对八十六中，我也有着一份难以割舍的情感。

而现在，“众里寻他千百度，蓦然回首，那人却在灯火阑珊处”就是我人生的第三重境界的真实写照。经过多次周折，经过多年的磨炼之后，人一定会逐渐成熟起来，别人看不到的东西能明察秋毫，别人不理解的事物能豁然领悟贯通。在事业上就会有自己的独见性和创造性。我能有缘与大家一起工作、学习、生活，能够在这样一所凝结了几代职中人努力与心血的“国家级重点职业技术中等学校”工作，并能为她的发展奉献自己的绵薄之力，深感荣幸、骄傲和自豪。也许这也是区委区政府和区教育局领导对我的信赖与期望所在。

二　我在黄埔职校将近20天的工作

13日至今，带着区委区政府和区教育局的嘱托，我们行政接连召开了三次行政办公例会、七次专题工作研讨会（包括财务规范管理研讨会、招生工作研讨会、教科研组长和专业部长联席会、岗位设置专题研讨会、假期各项报修项目的审核会议、党政工宣传工作联席会和新生工作协调会、安全保卫会议）。

拟定了一些规范和制度，包括加强教师队伍建设制度，完善听课制度、规范财务报账制度，规范了各类收费行为和工程报价审核程序，拟定各类会议制度，完善了校门安全管理制度。做到事事有制度，人人有职责。相关工作还请教务教学、德育总务和办公室跟进落实，务必持之以恒，取得实效。

做了一些分工安排：

关于财务工作问题：规范财务报账管理(以后报账都需要两个证明人和王校长作为审核人签字)，理顺了包括校服、军训、住宿生等收费的程序，对实训、培训和其他工作上的收费问题，也积极做好符合程序的申报工作。开学前后在没有其他变动的情况下，各个人员应该继续尽心尽职履行自己的职责。

关于教务教学的调整，包括林文熙老师支教、韩敏老师在兼教语文基础上到实训处帮忙，也是特殊情况下的一种调整，请相关老师们能够理解。

今年，新来了10位老师：语文任课教师钱文欢，汽车专业的龙乐、唐甲润、赵小青老师，计算机动漫专业的叶丽娟老师，数控专业实习指导教师范家伟、李自昌、陈钊平，电子商务实习指导教师郭柳施、郑岳慧。欢迎你们加入我们的大家庭。

招生工作在招生办同志们和其他各位行政干部努力下，也基本完成了任务，但是岗位工作上还暂时需要各位同志克服困难，坚守岗位。

培训处工作也在稳定招生的前提下，稳妥地推进各项工作的开展。目前电大培训如何深化的工作还在研究和论证阶段，我们会尽快对电大培训这一块做出一个工作上的推进。

后勤总务：暑假期间，总务后勤做了大量的工作，从宿舍维修、搬迁、调整，安保设施的维修，电大上课点墙面的整饰，水管补漏，等等。肖耀文老师开学前将要离开总务处，所以，对彭满华同志的工作造成极大的压力，这是可想而知的。所以，在总务主任没有安排人选前，王校长如何克服困难开展工作，是对他的一个考验。由于招生的需要，也请我们教工宿舍的老师暂时克服困难，一起共渡难关。相信我们老师有这样的境界。

中秋节和国庆假期前的各项慰问工作请工会和办公室在搞好福利、提高服务的宗旨上，在不违规的情况下多想些办法和举措。

整个假期，我们整个行政团队积极向上，教学教务、实训、培训、德育、总务后勤、办公室工作勤勉尽责，有条不紊。对此我是满意的。我想这也是作为学校核心文化的校训“敬业乐群、困知勉行”的准确定位和深入人心所致。实际上，这也是对我们全体职校人在工作态度、工作作风、学习作风上的一种鼓励、鞭策和期望，是一种积极的工作观、人生观、价值观。

三 关于对黄埔职校发展规划的思考

第一，构建学校符合职业教育规律和企业文化特性的职业教育文化体系。

重构符合职业教育规律和企业文化特性的实体文化，包括对学校业已固定和物化了的学校建筑、校园环境、教育管理制度、社团组织、文化网络、文化活动、校服、校刊等重构。下阶段重构学校内部自然文化景观和人文景观，门口环境、敬业楼大厅环境、教师群芳谱、敬业楼与困知楼之间的塑胶羽毛球场、困知楼前的园林文化景观、勉行楼文化景观、学校足球场周边、宿舍文化环境、电大办学点的环境改造等是“国重”之后在近一两年需考虑实施的重点工作。

只有构建良好的育人环境，才能很好实现学校招生渠道的拓宽与生源素质的提高，广泛的市场就业吸引力、学校办学效益不断提升，办学形象不断改善的良性循环。

第二，学校专业发展规划和路线。

教学是学校发展的生命线。进一步推动教学改革，以教学内容和教学方式方法改革为切入点，增强学生的实践动手能力和就业创业能力，真正把教学活动与生产实践、社会服务、技术推广及技术开发紧密结合起来。建立教学质量评价检查制度，改进考试考核方法和手段，继续完善学校第二届“技能节”比赛机制，促进教学质量的提高和学生就业推广工作。继续探索专业与课程设置适应市场和企业生产的需要的新形式、联合办学的新路子，加大力度探索，在合理、合法的范围内研究与推动以训养训到产教基地建设的发展路径。学校将继续根据以往情况，合理安排学生实习实训时间。毕业生在获取毕业证书的同时还必须取得相应的职业资格证书。学校在专业课程的教学中要结合职业资格鉴定内容，探索让职业教育学历证书和职业资格证书“双证融通”，努力提高学生的技能和就业竞争力。

第三，学校程序化、精细化、人性化内部管理机制的构建。

程序化：决策和施政程序化，完善和执行依法治校、决策民主、校务公开、层级管理、报批手续等程序和制度；强化廉洁自律和风险意识教育，打造一支廉洁、正气的行政干部队伍。实训过程程序化，实训过程强化安全和规范意识教育，培养学生生产实践过程的程序化操作、程序化管理意识。

精细化：教学、教育、人事组织、档案管理过程中的严谨性，细化学校管理制度的编制、实施、控制、检查、激励等程序、环节，做到制度到位。强调行政干部和教师队伍执行力和协作力，强调管理过程的精密性；在保证传统专业的基础上，打造学校生存与发展的精品专业。

人性化：关心人、尊重人、完善人、发展人的人本管理。

第四，构建学习型、发展型的干部和教师团队，注重教师的专业化成长。

对干部团队而言，首先就是作风建设。作风是人的内在思想、品德、气质的自然而然的流露和外化，是最鲜明而集中地反映人的基本精神状态乃至心理特点的外部特征，思想是本质，作风是表现。我一直认为，校长作风决定行政班子的作风，行政班子的作风又影响教师师风和学风。新到任，我对干部作风建设提出了八项要求，即“志存高远、求真务实、多谋善断、廉洁自律、互相支持、敢为人先、善于学习、乐于服务”，含思想作风、工作作风、领导作风、学风、生活作风等，从学习到生活，大至治校理政，小至待人接物，等等，这些都是我们干部的作风规范。

我们全体行政干部要对照自身作风方面存在的问题，进行全面、深刻的自查自找，迅速落实整改措施，做到稳扎稳打，逐一解决问题。在思想作风方面，既要用科学发展观和正确的政绩观来正确认识学校在发展中存在的困难和问题，坚持把发展作为第一要务，大力发扬敢想、敢干、敢闯的创新精神，形成奋发进取、勇争第一的拼搏氛围，要敢为人先；又要志存高远，求真务实，要廉洁自律，做到秉公用权、干净干事。在工作作风方面，我们要把广大师生的呼声当作第一信号，把师生的需要当作第一选择，把师生的利益当作第一考虑，把广大师生拥护不拥护、赞成不赞成、高兴不高兴、答应不答应作为工作的根本出发点和归宿点，切实做到真诚服务、主动服务、优质服务；遇到困难不回避、不妥协，要多谋善断，因为方法总比问题多。在生活作风方面，要时时、处处、事事严格要求自己，努力学习，不断提高个人修养，保持和发扬艰苦朴素的传统和作风，厉行节约，努力做到：慎微、慎独、洁身自好、生活正派、情趣健康；要树立相互尊重的正气，形成宽松和谐的氛围；要养成与人为善的积极心态，创造相互关爱的温馨环境。

对教师团队而言：职业学校的任务是培养适合市场与企业生产的人才，是让学生学习知识、掌握技能、学会做人,而这一切都是通过教师来完成的。学校把建设一支发展型高素质的教师队伍作为学校可持续发展的战略性任务来抓。作为一名职业学校的教师,必须有精湛的教书育人能力,必须具有对学生真挚的爱心、对事业执着的追求、对工作兢兢业业的责任心,也就是要具有良好的师德素养。所以,从这个学期开始,我们要着力打造一支学习型、发展型的教师队伍,一方面既要加强教科研的力度,加强日常教学、教务、实训规范工作,另一方面还要为教师的专业化成长,为教育、教学团队创造更多学习和培训的机会。作为教师,我们还要争做一名好教师,学生满意的教师。教育家苏霍姆林斯基在评价"一个好教师"时说,"首先要热爱学生,感到跟学生交往是一种乐趣,相信每一个学生都能成为一个好人,善于和他们交朋友,关心学生的欢乐和悲伤,了解学生的心灵,时刻不要忘记自己也曾经是个学生"。我们的教师,要牢记这句朴实无华的话。我们就是要多站在学生的角度上去认识学生,思考问题。多想一想自己当学生时对教师的期待是什么。我认为,最大的期待莫过于"信任"两字。我们的教师,只有把学生当伙伴、当朋友、当亲人,和学生建立一种真诚信任,互相理解的平等和民主的关系,教师才能对学生进行有效的管理。我们的教师要多和学生沟通,多进行交流,多听取意见,让每一个学生都有一种被信任的亲切感,这样的管理就会事半功倍。

要加快"双师型"师资队伍的培养。我们还要逐步探索建立教师与企业工程技术人员和管理人员交流、专业教师定期到企业轮训,或到企业生产服务一线实践的机制。

教师的学习培训应做到:平时学习和定期学习相结合,平时检查和定人定期听课相结合,请进来与走出去相结合,课堂教研和课题研究相结合,不断促进教师专业化成长。

第五,拓宽就业渠道和培训管道,不断提升职校的发展空间。

职业教育就是就业教育。学校要发展,就业是关键。如何应对就业和我校招生的严峻形势,做好就业工作显得格外重要。提升学生就业能力(一是掌握知识和技术的能力,二是具备正确的职业意识和就业能力),在就业指导课程和专题讲座、社交礼仪课程和举行知识竞赛、口语比赛提高表达能力、校企联谊让学生了解企业、学生面试心理训练等方面探索出一条适合于学生就业的平台,提高黄埔职校学生就业层次、拓宽就业渠道。

学校的发展离不开全体教职工的支持。希望黄埔职校能够在我们新班子的带领和全体教职工的支持下,带动学校的大发展和大繁荣,黄埔职校的明天一定更美好!

(本文撰写于2010年9月。)

在服务中寻求发展与创新

——谈黄埔职业技术学校与区域经济发展互惠双赢体会

黄埔职业技术学校是广州东部唯一的一所国家级重点职业技术学校。目前在校生2400人,有汽车、机电、数控、物流、电商等11个专业。近年来,学校本着有教无类的原则,以人为本,以学生的终身发展为教学实施的出发点,让学生本着“以成就人生走进来,以服务社会走出去”的宗旨办学,在为黄埔区以及周边地区培养了大量的优秀职业人才的同时,也为助力地区经济发展发挥了重要的作用。

为了更好地服务区域经济,近几年我们紧贴社会对人才的要求,以“为用人单位提供支持与服务”为契机迅速转型,在教学中大力推进校企合作、工学结合、改革创新课程,以实践性教学替代传统教学,并与企业联手开发教材,在引入企业文化开展学生职业素养培养上取得重大的突破,走出了一条特色发展职业教育之路。

以就业为导向,不断提高职业教育服务区域经济发展的含金量

职业教育只有不断提升为区域经济发展提供服务支持的水平,才能真正发展职业教育的功能,才能在培养人才的路径上越走越宽广。为此,我们大力开展内涵式校企合作。在黄埔区政府的大力支持下,我们对接国家发展和社会的需要,高质量打造了一所公办幼儿园。开园以来,我们充分发挥学校学前教育专业30年办学的经验,在雄厚的专业艺术师资力量,健美操与语言特色课程资源对接上下功夫,短短大半年已经成为一所广受家长好评的、有较高知名度的公办幼儿园,最近成功举办辖区内的公开教科研观摩活动,受到与会专家较高的评价。此外,我们与广州南沙港集团、广州外轮代理有限公司、广州白云机场逸臣公司、舒适集团、南方物流、亚马逊集团、广汽本田公司、广汽丰田公司等的合作中,使学校服务区域经济的水平不断提高。

以校企深度合作为起点,在助力企业的发展同时赢得自身发展空间

黄埔职校除了建设校外实训基地、强化学生顶岗实习等工作外,我们还充分借力黄埔区作为广东省第一个国家级电子商务示范基地与黄埔在服务业和高新技术方面的产业优势,致力于与企业进行课程对接,开设专业特色课程。学校电子商务专业以成功申报广东省重点建设专业为基础,积极与广州市优淘居股份有限公司联合开设SEO特训班。SEO人才是目前电商行业紧缺的资源,该课程由企业的市场运营经理亲自授课,把企业的文化、实践理论、具体业务操作带进课堂。周末选出该周的优秀学员到企业见习,在导师的带领下体验企业的真实工作,让学生的课堂学习与社会实践实现零距离。学生完成特训班课程并通过考核后能获得企业的资格证书,毕业后可到该企业就业。

此外,黄埔职校结合学生自身发展的需求,以提高学生竞争能力为核心与企业共同进行课程开发。如针对电商与物流专业学生善于网络沟通却难于面对面交流的弱点，学校与美国友邦保险公司广州分公司联合开发《电话营销实训》课程。通过团队组建、话术培训、企业文化渗透，学生在企业导师团队的带领下，以电话营销的方式进行实战，比拼销售业绩。这样充满活力、充满挑战性的实践课程使学生有了巨大的改变，让从不敢主动沟通的学生能克服层层心理障碍，迈出沟通的第一步，这对学生的终身发展有着不言而喻的意义。与此同时，我们还与广州川力科技有限公司校企合作，引入该公司的 MTC 电子商务商城平台到学校的电商综合实训室，以该平台为电商网络营销、网店装修等核心课程的教学载体，打破电商教学的物质资源瓶颈。另外，从合作双赢的目标出发，川力公司除了提供平台安装外，在教师培训、平台运作辅导课程上为我校提供教学和实训帮助，除了解决学生顶岗实习和就业外，还帮助学生在校内通过平台创建自己的网店，实现真实运营。

三 以技能竞赛为增长点，提升培养人才服务能力的针对性与实效性

学校所在区域黄埔区正以广州机械科学研究院智能产业创新基地、东诚智能产业园为核心，打造智能产业园区。通过发展智能产业，引进智能机器人、智能交通、智能港口等项目，实现“黄埔制造”向“黄埔智造”转变。为实现“黄埔智造”目标，近年来，黄埔区产业转型升级迅速，主要的体现之一就是工业机器人在区域内的汽车、电子、食品加工、非金属加工、日用消费品和木材家具加工等应用快速增长。为了进一步适应区域内对新技术、新技能人才的需求，我们借承办广东省机器人技能竞赛的东风，将机器人技术应用课程引入机电技术应用专业课程中去，为激发学生学习兴趣，扩大学生视野，丰富学生知识，提高学生综合素质，培养创新意识、合作精神，使学生不断适应产业经济对技能人才在机器人运维服务能力上的迫切需要提供课程教学上的服务。

四 以工作过程为导向培养服务意识与能力，全方位实施职业素养提升计划

人才培养要适应用人单位的要求，除了要做好扎实的专业教学外，对学生进行职业素养的培养是最为关键的环节。为此，黄埔职校从 2013 年起，就积极推行“礼仪服务学习周”制度。所谓服务，就是从一年级学生入校开始，每班停课一周进行各种旨在提升职业服务意识的实践活动，包括承接全校的礼仪服务，包括大门迎宾、信使、校园保洁、安全指引、升旗仪式、维持饭堂秩序、校内各职能部门小秘书工作等。所谓学习，就是在一周时间内，为了提高学生的服务意识和综合素质，组织有益于学生提升服务能力、拓宽学生职业视野的通识课程，包括：阅读课程、在联想集团指导下开发的礼仪课程、团队心理辅导、急救技能、阅读课程、到康复院和启智学校做一天志愿服务等。通过一周的服务实践与学习活动，让学生在学习中提升综合素质，在真实的实践活动中体会服务的含义，学会做人做事的方法，享受服务的快乐和成就感，从而提高学生的职业服务意识，为学生的职业发展打下良好基础。此外，为了进一步弘扬企业管理文化精神，我们大力开展 7S 实训文化建设，除了积极开发对实训教学具有通用性的校本实训管理文化手册，我们还在实训场室环境文化、一体化课程管理文化、实训设施设备管理文化上力求走出一条有特色的“企业管理文化进校园”的创新之路。

为了夯实企业文化建设，我们结合德育课程积极开展健康操文化建设，以广播体操、校园跑操、校园自编健身操为载体，开展轰轰烈烈的体育文化建设，不断强化学生的职业健康

意识和能力，锻炼了学生的身心。

全方位把企业文化融入校园中，体现了黄埔职校真正用心去培养有文化、有健康、有技术的现代职业人才的办学理念。

学校在发展职业素养方面最大的亮点莫过于大力开展艺术团文化建设，通过培育一支将近200人的艺术团队，助力黄埔乃至广州地区文化与慈善事业的发展。黄埔职校"蓝色·舞动艺术团"在成立的短短3年时间，不仅为职校学生的艺术才华展示提供了广阔的平台，而且把视界触及社会的各个层面，在黄埔、萝岗等区域开展了将近30场"职校艺术进社区艺术展演活动"，并且多次参与广东狮子会慈善公益与黄埔区政府各类慈善表演活动，为服务社区、服务慈善事业做出了重要的贡献，受到了广泛的社会赞誉与好评，也通过这个平台大大提升了学生服务品质。

五 以发展性评价为着力点，不断改善学生在企业实习的服务质量

我校依据教育部、财政部《中等职业学校学生实习管理办法》的文件精神，根据用人单位的用人要求，结合我校学生的文化基础及专业能力实际，在学生的实习、就业推荐（含毕业）中，采取专业文化学分与德育分并举、德育分优先的原则，旨在完善我校学分管理及应用机制，强化优秀品德与良好行为习惯的价值，更好地实现"树德树人、强技强能"的办学宗旨，更好地培养服务于区域经济的优秀职业人才。所谓"德育优分"评价，就是在符合学校选拔条件下按四个学期德育操行分相加组成，把计算出来的分数从高到低排序，排在前面的优先推荐。对不符合优先推荐的学生则实行2.5+0.5模式，旨在让优秀学生参与2+1模式提升学校服务企业和用人单位的能力和形象。评价模式的改革，为提升学校办学形象，改善学生服务意识和服务能力有着积极的意义。

办一所职业学校中的"黄埔军校"，这是我们黄埔职业教育人的梦想与追求，我们将会继续传承黄埔人敢为天下先的气魄，在实现广州职业教育梦的路上展示黄埔职校人的勇气与实力。

（本文撰写于2014年5月。）

黄埔职校生活德育模式的研究与实践

摘　要：中职学校德育要适应时代发展的要求，以培养职校学生职业精神为目标，以“理实一体做中学”的行动导向教学模式为教育模式，以“设置情境—参与行动—获得真知—培养情感—反思感悟—自觉行动—形成素养”七环节教育法推动学校“三色生活德育”模式的实施，将学校从德育教材到体育课程、实训课程、各项德育活动等资源有机整合起来，对全校工作进行生活化、校本化的德育工作的整体改革，让中职学校的德育效果实现最大化。

关键词：职校校本　生活德育　行动导向模式　实效

 黄埔职校“三色生活德育”模式构建的历史背景

我校是区属职业技术学校，招收的学生主要是两种：一是区内初中学校的“问题生”，一类是外地外省的流动人口子女。可以说，我们学校招生宗旨就是“有教无类”。因为，尽管提倡素质教育多年，但时下依然以学习成绩取人的评价体制下，进入职业教育的孩子普遍还是被看作普通教育学习失败者。从另一个角度看，进入职业教育体系接受教育的学生走上社会后，依然改变不了整体职业素质不高，依然改变不了他们进入企业后所出品的产品质量远远比不上发达国家，而且还衍生出一大堆质量问题的这一系列的尴尬局面。这一连串的教育问题背后，有教育的问题，更多的是家庭教育和教育体制出了问题。这是摆在我们面前谁也否认不了的事实。

如果说在基础教育领域的高考、中考指挥棒下，校长、老师们对素质教育有诸多无奈、无力的话，职业教育领域则是一片大有可为的天地。作为职业学校的德育工作者，我们深深感受到职业教育生源问题给学校管理造成的压力。问题生源的产生不仅来自普通基础教育的刻板与单一的考试评价机制，以及对这类学生已经失去耐心的教育情结，最主要的则是来自于家庭教育的问题。同时，当这些孩子进入职业学校后，他们不仅仅面临自身的诸多问题，还需要面对更大的来自社会的歧视：对普通民众来说，大多数职业学校的学生，给人的印象无不是“散漫”“颓废”“无心向学”“邋遢”，甚至于“暴力”“拳头”“群架”，好像谁的孩子进了技校、进了职校，谁就与低素质、没文化、没教养画上等号。这不仅仅是社会和不少家长的普遍认知，可怕的是，它还存在于教育者的群体意识里。在这样的生存环境下，这些本来就没有什么好习惯、学习也一般甚至是“没有学习能力”的孩子，当进入职校的那一刻起，也就失去了做一个优秀劳动者的动力和先天的思想基因。正因为如此，职校老师普遍对他们失去信心，而他们中的一些意志薄弱者，难免产生自暴自弃的想法和做法，也因此犯下种种错误，并且成绩低劣。

正是在这样的时代背景下，2011 年初，我们带着“既然职业教育可以真正落实素质教育，那为什么我们培养的劳动者职业素质并不高，他们进入企业后为什么生产出来的产品质

量、服务意识还这么低下？既然我们暂时无法改变体制，那么为什么我们不可以改变自己、改变教育模式？”一系列的教育反思与教育使命感、责任感，重新审视我们职业学校的教育模式，并以实践者的姿态走进课堂、走进同行、走进企业：走进了全校120多位专任老师的课堂里，去听课了解学生、了解课堂、了解教学，从中分析问题、思考问题并初步得到了一些启发。在中职课堂上，我们看到的普遍状态就是：凡是照本宣科或者脱离学生实际学习水平和能力的满堂灌，学生睡倒(或者开小差)一大片的概率几乎是100%。这种课堂，普遍存在于公共基础课和专业理论课里。这样的课堂，如何能培养出人才？如何能让学生成长为合格建设者？带着这样的思考，我们又走进了同行，走访了近十所省内外职校学习考察，与同行负责任地开展学生素质教育的交流。我们还走进了家庭，2014年组织了全体行政干部包括级组长、学部部长，走访了近百个学生家庭，包括优秀学生、中等学生、学习困难生、情绪问题生等几类，深入了解不同类型学生的家庭背景、家教状况、亲子关系等等，对德育对象做到“心中有数”。最后，我们走进了企业，到十几家市区大型国有、知名外资和民营企业，与企业家们对话交流，总结反思后，对如何开展职业教育，主要是如何通过德育改善职业教育质量，终于开始有了一个较为立体和全方位的认识：我们认为，育人者以什么样的心态、什么样的方式和什么样的人群一起去创造什么样的德育环境，对德育效果来说起着至关重要的作用。

从培养未来职业工人的角度看，我们的劳动者生产素养要足够高，在生产环节多一些严谨、细致、认真、一丝不苟、滴水不漏乃至于有些刻板，我们的产品哪里会有这么多的质量问题？可是这些良好的职业意识哪里来，归根到底不就在教育中来。如果我们的教育能自觉做到有始有终、善始善终，我们的教育多些宽容、多些爱护，如果我们的教育方式多些贴近学生的实际：贴近他的家庭、他的年龄、他的心理，主要是贴近他的思维模式，并给予他们足够的尊重，进行平等的交流，多些研究他们的内心世界，多些研究他们即将面对的职业环境开展有针对性的教育，那么我们培养合格且优秀的职业人才的话语才不会成为空话、大话。

“三色生活德育”模式的内容和结构

我们认为，办职业教育首先肯定要讲德育，研究德育的规律，没有渗透“营养”的教育下的德育，那是没有生命力的，只是空泛、空虚、空洞、机械化的流程而已，跟假大空的无效德育就没什么差别。

那么如何改进学校的德育生态，让学生在德育过程中“动起来”、让德育工作“活起来”？这也是我们研究“三色”生活德育的最核心的目标。

(一)“三色生活德育”的理论来源

把“德育”学习融入学生“生活”的最佳方式的研究，开展德育的生活化、课程化构建，其核心理念自来于陶行知先生对生活与教育关系的表述。陶行知先生早在20世纪30年代就提出了他最著名的观点之一“生活即教育”。他认为，生活教育是以生活为中心之教育。生活与教育是一个东西，而不是两个东西。自有人类以来，社会即是学校，生活即是教育。教育的根本意义是生活之变化。生活无时不变即生活无时不含有教育的意义。从陶行知理论出发，我们认识到，离开生活的德育将会导致道德教育的抽象化、虚幻化，并也会使这种教育流于形式主义、假大空。

从西方教育心理学来看，也为我们开展生活德育模式提供了理论支撑。认知心理学认为,高级心理过程的发展需要经过社会协商和相互作用,所以建构主义学习观建议,面对复杂的学习环境和真实的学习任务,应该重视合作方式的学习,并运用多种方式表现教学内容,通过一系列教师指导下的知识建构过程,使学生能够做到在尊重他人主张的同时,以自我批判的方式选择,发展和维护自己的主张。

同时,杜威的实用主义知识观和教育理论也认为"知识是行动的过程和行动的结果,探究与反思都处于行动的过程中。知识是行动的知识,是实践的知识……知识的价值在于引起有益的行动结果,获得知识必须通过人的行动。求知即行动(To know is to do),做中学(Learning by doing)",这一教育理论,更进一步为德育模式从理论式、知识性、说教式到生活化、情境化、实践化模式改变提供了理论支撑。

从多元智能理论来看,国内知名的职教专家赵志群博士认为,"职业学校学生与进入重点高中的学生的差异是在智力类型方面,而不是在智力水平方面,他们是一群具有特殊智力倾向的群体"。所以,我们的学生尽管绝大部分在数理逻辑智能上没有优势,但是我们不应该也不能够认为我们的学生是中考的"失败者"甚至是社会的"失败者"。事实上,中职生的确有着他们的智能优势,他们可能在身体动觉(动手能力)、空间(形象思维)、音乐或人际交往等智能上有着自己的先天优势,只是我们的考试指挥棒棒杀了他们身上这些特有优势而已,也因此他们被社会随意地贴上"失败者"的标签。

我们认为,多元智能理论的确为学校开展旨在挖掘学生个体潜能,开展富有创造性、富有个性化的实践活动提供了现实的理论依据。

归根结底,我们的实践与研究工作,就是要通过学校德育模式生活化、课程化开展解决德育有效性的问题。

(二)"三色生活德育"模式的内容

所谓"三色", 就是根据中职学生从入学到毕业的不同阶段,在行为习惯、心理素质、职业习惯上让他们适应社会、企业的要求,从而为学生创设富有前途的、有职业含金量的专业对口岗位或者为他们创造持续升学的路径。为此我们的模式设计从三方面入手:中职第一年,蓝色适应教育。以"适应职业教育"为支点,以培养"良好人格"为目标,加强专业认知和自我认知、职业规划等,强化职业意识、规则规范团队意识。中职第二年,绿色发展教育。以"发展实训技能教育"为支点,以"构建职业理想"为目标,培养人际交往及与他人合作的能力、良好的实训规范意识和实操能力,为就业做好充分的准备。中职第三年,金色收获教育。以"就业教育"为支点,以"就业态度和能力"为重点,通过职场品德、能力和态度、应聘技能等,提高责任意识和就业能力,体现自身价值。

所谓生活德育,即我们认为,生活才是德育的最合适载体,在真实的生活环境中,赋予德育最真实的教育材料、最真实的人际关系、最真实的环境因素和最真实的结果。通过各种情境化、课程化、实践性的教育活动,在做中学、在学中悟,呈现出最自然、适合受教育者年龄特征和生活经验的人本化的教育状态。

结合新修订的《中等职业学校德育大纲》中明确提出的"德育应该在课程教学、实训实习、学校管理、志愿服务、职业指导、家庭社会、心理辅导等方面发挥育人的作用"的要求,我们引入"三色生活德育"模式解决学校德育有效性问题,开展探索把"德育"融入学生的"生活"最佳方式的实践与研究。

(三)"三色生活德育"模式的课程结构

在"三色生活德育"模式从概念到行动,从理论到实践,从行动到模式的过程中,所设计的课程结构包括:

(1)职业素养课程系列。

包括以德育课为切入点、以企业文化为基础开展的两类职业素养教育:一是入学初的"普职融合教育",旨在培养学生的初步团队意识和融入职业学校的学习生活;二是以三个年级阶段的学校人、实践人和职场人三种身份开发的三套职业素养课程。一年级新生开设蓝色《职校生活》入学素养课程,旨在让学生了解和适应职业教育的要求;二年级开设绿色《实践生活》素养课程,旨在让学生了解实训实习的职业素养要求;三年级开设金色《职场生活》就业素养课程,旨在让学生了解就业岗位需要的各种职业品德与素养要求。

同时,开设服务周系列教育课程,以班为单位开展为期一周服务周实践活动,一是模拟准就业人的状态开展岗位工作教育活动:包括校门礼仪规范执勤值日、各处室和场室的教师工作支持活动、校园保洁、饭堂用餐文明执勤、重大活动的礼仪接待等。二是开设礼仪、阅读、急救、团辅活动、到启智学校和康复院开展志愿活动等具有知识性、技能性和公益性的教学课程。

通过一周的体验岗位责任要求的学习活动,让学生在最真实的生活、工作情境中学会进行价值判断和做出价值选择,在实践中实现平时课堂教学所不能实现的学生自我教育、自我反思、自我成长的功能。

(2)健美操课程系列。

通过近三年的大课间活动,在一支有素质、有技术的体育教师团队的努力下,在培养学生做好以工间操第八、九套广播体操教学的基础上,教师团队相继创编了健康街舞、健身搏击操、校园集体舞、轻器械健身团体操、小苹果、一起来更精彩、班级跑操和以《我和我的祖国》《自由飞翔》《我相信》《最炫民族风》和《青藏高原》等体现主旋律和积极文化歌曲的民族韵律操等数十种既有健身强体功能又能表现美、创造美的校本健身操课程。我们通过体育课、艺术选修课等公共基础课、课间活动以及学前教育专业课等多种平台和途径,在学生中大力普及健康操教学,尤其是每年技能艺术节上,学校把健康操和课间广播体操作为必选的团体参赛项目。通过这种规模性、群体性的健康操大课间活动(已引入教师的课余生活中),培养师生对校园生活的热爱,对健康美的追求,在学生获得自信心和成功感,教师消除职业倦怠感的同时,提高了师生的韵律感,锻炼了师生的健康体魄,也在校园营造了一种积极向上的团队文化氛围,在潜移默化中塑造师生良好的人生观、价值观,健康操文化不仅得到师生普遍认同,也得到了省、市、区乃至全国教育同行和各类新闻媒体的普遍赞誉。

未来我们还将以师生喜闻乐见的乐曲开发足球操、羽毛球操、武术操、礼仪操等以运动器械为载体的或者以职业素养为基础的系列健身操校本课程。进一步把"美心树人、健体育德"的体育文化理念做更有深度的文化挖掘与普及推广。

(3)实训教学课程系列。

职业学校专业课是以理实一体的教学模式开展的,从实训教学如何实现安全、规范和有效目标出发,我们开发了实训课职业态度、规范安全教程,把每堂专业模块化课课前十分钟的职业精神培育和安全规范准备教育抓好、抓实、抓落地。

(4)社团文化和各类实践活动等课程。

目前,学校有包括健身操队、合唱队、舞蹈队、礼仪队在内的艺术团、文学社、吉他社、街舞社、跆拳道社、羽毛球俱乐部、动漫俱乐部、志愿者俱乐部、手工制作社团、足球社团等比较活跃的校园学生社团。此外,学校第二学期都以素质教育成果为内容开展"职教成果进社区"活动,各类学生社团纷纷登上舞台一展风采,为培养学生敢于表达、积极自信、豁达乐观的人生态度发挥了潜移默化的教育作用。每年农历二月在学校附近的南海神庙举行的民俗文化节,我们均要组织二三百人的学生团队参与开幕式展演活动,无形中对学生开展了传统文化教育,培养了他们的纪律观念、秩序意识和敢于担当意识。此外,每年的区中小学运动会,还活跃着我们学校的学生志愿者,他们在服务社群的同时,也培养了初步的责任意识和社会意识。

(5)家校合作需要开发的课程。

我们期望借力专家开展职业学校家长教育课程研究,通过倡导"不娇纵不惩罚地养育孩子"正面管教原则,完善家访制度,开展针对中职家长学校校本教材开发,不断改善职业技术学校家长整体素质,从而提升学校生活德育的质量。

综上,"三色生活德育"的育德模式的课程,就是通过德育课和体育课的两个立足点,以"职业素养"为核心的企业文化课程和以"培养阳光健康人格"为核心的体育文化课程,以及综合校园社团活动和校外实践活动等隐性德育课程三个课程开展教育实践,充分发挥正面教育活动在德育中的作用,对保护学生合理的个性需求、培养学生创造性和挖掘潜能具有无限的积极作用,从而达到生活里育德、实践里育德、活动中育德的有效德育状态。

(四)"三色生活德育"模式的实施原则及实施路径

在最大限度地贯彻"贴近学生、贴近实际、贴近生活"原则、知行统一原则、教育与管理相结合原则、解决思想问题与解决实际问题相结合原则四个原则基础上,我们以两个立足点:德育与体育课课程教学改革和各类社会实践为两个立足点,通过三个课堂:德育课、体育课和社会实践课堂,在教学上大力开展"理实一体做中学"的课堂教学模式改革,以"设置情境—参与行动—获得真知—培养情感—反思感悟—自觉行动—形成素养"七环节教学法扎实推动"三色生活德育"模式的实施。

三 "三色生活德育"模式实施的效果

"三色生活德育"模式的构建,为中职学校开展有效德育开启了一扇窗。通过确立以"职业素养"为核心的企业文化课程建设和以"培养阳光健康人格"为核心的体育文化课程建设,学校人才培养质量显著提高:实现高质量的就业和高质量的升学,学校在全方位的校企合作、有效教学和德育管理上日益走上有内涵、有特色的发展路径。

(一)就业水平优质,就业路径宽阔

从遵循教育规律和企业文化"学做合一"教学模式到"生活德育"模式,黄埔职校的教育工作始终保持与生活实践的紧密结合,学生在职业素养提高的同时,技能水平也得到快速提升,行业企业的认可度逐年提高:汽车运用与维修专业成功开启了订单培养的大门,教育部推荐的德国"双元制"人才培养模式中德诺浩"订单班"首次在广东的中职学校落户,学生考取德国职业资格证书、实现市内著名品牌汽车4S店就业的目标。成功实现学校计算机专业

转型升级,引进联想3C服务课程体系,开展校企合作下的共建课程、共同评价、共育人才的联想工程师培养与认证项目并实现优质就业,在广州市和广东省职业教育领域受到广泛关注。也因为这样,近几年广汽本田、奔驰龙星行、海格集团、舒适刀片、南方物流、亚马逊等国内外高端优质企业相继与我校开展校企合作,接收我校毕业生就业实习,无疑是生活德育模式开花结果的最鲜活体现。

(二)升学道路宽广、入学层次提高

随着学校办学声誉不断提升,黄埔职校的学生受到高职院校的较高评价:学校不仅取得了与广东省机电学院开展汽车运用与维修专业三二分段的资格,还与广州工程职业技术学院开展机电技术应用专业三二分段合作,加上高职高考、自主招生和开放大学的办学,又为学生获得高水平技能提升的机会提供了更多的路径选择。近年来,学校学生85%以上的比例通过高职高考考入全日制的公办高职院校。

(三)德育富有成效,综合实力提升

学校在2012年和2014年广州市中职毕业班评估中分别获得了广州市中等职业学校毕业班工作优秀奖(一等奖),其他年度均为良好奖(二等奖)。2013年学校电子商务专业学生参加全国电子商务运营技能大赛获得唯一的特等奖。2014年和2015年学校连续两年承办广东省教育厅主办的机器人技能大赛,学生团队均获一等奖。2014年代表广东省教育厅参加国家级技能竞赛获得三等奖。

(四)社会声誉和办学质量不断提高

随着生活德育课程和专业改革的不断深化和推进,家长、学生、同行、企业、政府对我校的办学认同感越来越高,认为黄埔职校管理规范严格,学风校风较好,就业质量较高,升学路径宽广,办学质量有口皆碑。

四 "生活德育"模式实施与发展的思考

德育活动的课程化、生活化是学校文化有效性的最好例证。我们通过把学校课改经验上升到学生职业与人文素养养成和校园文化的高度去发展和推广,充分发挥德育、体艺和各类实践活动的育人功能,构建"文化学校"就有了良好的土壤与育人环境。下一阶段,黄埔职校将在总结德育、体艺教师团队建设经验的基础上,不断拓宽建设思路,在"生活德育"理念引领下把学校建成师生的"学习共同体",在大力开展专业建设的同时,以文化再造学校,不断完善"黄埔职校生活德育人才培养模式",为社会培养更加优秀的技能型人才做出不懈的努力。

参考文献

[1] 赵志群.职业教育工学结合一体化课程开发指南[M].北京:清华大学出版社,2009.

[2] 赵志群.职业教育与培训学习新概念[M].北京:科学出版社,2003.

[3] 赵志群,白滨.职业教育教师教学手册[M].北京:北京师范大学出版社,2013.

[4] 姜大源.当代德国职业教育主流教学思想研究——理论、实践与创新[M].北京:清华大学出版社,2007.

[5] 徐国庆.职业教育课程论[M].上海:华东师范大学出版社,2008.

[6] 皮连生. 学与教的心理学[M]. 上海:华东师范大学出版社,2011.
[7] 汪凤炎,等. 德化的生活[M]. 北京:人民出版社,2005:34-91.

(《黄埔职校生活德育模式的研究与实践》成果于2015年6月获广州市第四届德育创新奖三等奖。该文并发表于《师道·教研》(CN 44-1299/G4)2016年第1期,还在2016年初邀约在《广州教学研究》总第617期(广州市教研院主办,内部交流刊物)和《中小学德育研究》总第46期(广州市教研院主办,内部交流刊物)上刊登。)

对名校长培养对象学习过程的思考

2014 年，按照《广州市教育局关于公布广州市基础教育系统新一轮“百千万人才培养工程”第二批培养对象名单的通知》要求，我参加了广州市基础教育系统新一轮“百千万人才培养工程”第二批培养对象学习活动。学习期间，我积极参加广州市教育局委派华南师范大学基础教育培训与研究院组织的各类研修、交流和考察活动，按时按质提交各种学习成果。现将三年来的学习情况做总结。

一 在研修中学习，在学习中实践，在实践中升华

（1）借力专家指导，厘清办学思路。作为职业学校的校长，在研修过程中，我聆听了省内外诸多教育名家的精彩讲座，有华东师范大学教科院博士、教授刘良华《校长的管理智慧与哲学修炼》、重庆第二师范学院于泽元教授等，还有重庆市、浙江省、广州市等地名校长们的经验分享，走访了包括重庆巴蜀小学等省外名校，也到了培训班各位导师和学员的学校如从化中学、113 中、广州市第二外国语学校等校进行互相交流学习。更有幸的是在 2015 年 7 月参加了“2015 中美校长高峰论坛——美国荣誉校长中国行广州站”，会上，Ted McCain 总裁进行了以“认识每一个大脑的独特性：基于脑科学的个性化教学策略”为主题的创新性发言，他在其中提到的培养学生的自省、人际沟通、独立解决问题、相互协作、信息检索、信息沟通、想象创造力、创新创造力、塑造具有 21 世纪核心技能的人才九种能力让人留下深刻的印象，产生深刻的反思。大会上，美国荣誉校长团团长认为，21 世纪，人想要获得成功，必须懂得如何学习。他说：“现在，学生一生中可能会从事多种职业。他们必须培养强大的批判思维能力和人际沟通技巧，以融入日益流动、互联和复杂的世界。技术使人们全天候获取信息，持续的社会互动以及易于创造与分享数字内容……”得到参与大会的校长们的普遍认同。在研修过程中，给我留下深刻印象的还有班主任钟罗金博士认真踏实的工作态度、严谨专业的治学精神。作为班主任，他与我们对接的杨悦晨老师不仅认真做好各种学员学习、研修保障工作，还亲自为我们学员上了“破冰活动”“名校长胜任特征分析”，通过“漫谈合格的名校长——结业考核方案解读”，为学员学习厘清了方向，点明了努力的路径，受到学员们的普遍肯定。导师邱熔基校长和高广方教授的谆谆指导，对我们思考、提炼办学思想，坚定办学信念起到了指导、帮助、提点、深化的作用。

（2）借助自主研修，促进反思提炼。三年来，我在各位教育专家、名校长和导师指导下，不断学习提升自己。三年来认真扎实开展课题研究，相继有省市课题结题。包括本人于 2013 年主持广州市中小学德育“十二五”规划课题《“三色”职业素养课程的研究与开发》的研究，2014 年 10 月结题，被评为优秀等级。该课题于 2013 年成功申报为广州市精品课程。目前，该课题已经完成了三本校本教材《职校生活》《实践生活》《职场生活》的编写及教材印

制工作。2013 年 5 月我主持的《广州社区学院黄埔分院社区教育体系建立试点研究》被立项广州城市职业学院社区教育项目课题，获得经费 10 万元，现已结题。2013 年作为第二申报人参与的广东省心理健康教育课题《中职生亲子关系影响因素及其干预研究》已于 2016 年 8 月通过结题。其间，我还积极撰写多篇教育教学论文发表或获奖，包括教学论文《浅议中职学校德育校本课程开发的行动研究》获广州市 2014 年中职德育学术年会三等奖，该论文发表于《师道・教研》（CN 44-1299/G4）2014 年第 10 期。2015 年 7 月，教学论文《在“哲学与人生”中开展行动导向教学研究》获得广东省职业教育“产教融合”教学改革研讨会论文评选三等奖，并被编入《深化产教融合校企合作，推动中职教育创新发展》一书（ISBN 978-7-5668-1495-1），该文同时发表于《师道・教研》（CN 44-1299/G4）2015 年第 7 期，并获得 2015 年由广州市中职教学研究会组织的广州市“中职教育产教融合制度创新”成果评比二等奖。管理论文《黄埔职校三色生活德育课程模式的构建》一文于 2015 年 6 月获得广州市第四届德育创新奖三等奖，该文发表于《师道・教研》（CN 44-1299/G4）2016 年第 1 期，在 2016 年初被《广州教学研究》总第 617 期（广州市教研院主办，内部交流刊物）和《中小学德育研究》总第 46 期（广州市教研院主办，内部交流刊物）刊登。我多次在市内推广办学经验，包括在 2015 年 6 月全市德育教师教研活动上做《基于行动导向下的学校德育》专题报告，2015 年 11 月和 2016 年 12 月分别在全市德育现场会和德育经验交流会上做《黄埔职校三色生活德育模式的构建》讲座。

（3）依托实践研修，强化示范指导。三年来，我相继通过名校长培养对象的各种跟岗学习以及相关的课题研究，对办学的路径研究水平得到较大的提升。并在研修期间考取了青少年职业发展辅导师（中级）。我多次在市内推广办学经验，包括在 2015 年 6 月全市德育教师教研活动上做《基于行动导向下的学校德育》专题报告，2015 年 12 月和 2016 年 11 月分别在全市德育现场会和德育经验交流会上做《黄埔职校三色生活德育模式的构建》讲座。并多次在化州职校、连州职校开设示范课，为德育课同行传经送宝，得到了职教同行的大力肯定。同时，发挥所长为区内的幼儿园、小学、高中送去相关心理健康和家庭教育、班级正面教育等培训课程，受到家长、教师的普遍欢迎。2014 年 1 月，为更好提升学校办学声誉，我校还成功申报广州市第二批中小学校长培训基地，2014 年至 2015 年，学校分别接待来自贵州黔南州中职校长培训班学员和佛山市三水中职学校中层干部培训学员，推广学校的办学经验，收到良好效果。

二、引领伙伴成长，实现资源共享，专业成果丰硕

三年来，除了完成一个班的德育课的课堂教学任务外，我还坚持多年来养成的深入课堂的习惯，每年均超额完成各类推荐课、评优课等听课任务，平均听课达到 95 节。我还认真按照要求按时完成教学公开课的任务，公开课《做生活的有心人》在全国性“一师一优课，一课一名师”活动黄埔区“优课”评审荣获二等奖。在 2016 年 7 月被市教研院认定为广州市中职学校德育学科带头人，2014 年 10 月参加广州市教育局组织的中国梦・园丁美中职教师教学基本功和专业技能竞赛获职业道德与法律单项比赛二等奖。2014 年本人相继被广州市职教学会和广东省职教学会评为广州市中等职业学校 2013 年“优秀教学管理工作者”和广东省职业院校“先进德育工作者”。2016 年辅导学生获得全国文明风采大赛职业生涯规划设计

广东省复赛二等奖，并获得广东省教育厅颁发的优秀指导教师称号。

同时，从建设师资队伍的角度出发，我不遗余力身先士卒，组织全体教师学习新知识、新理论和新技能。三年来采取集中研修的形式为学校教师亲自讲授《特殊教育需要我们做什么?》《细节是一种贵族精神》《安全管理重在细节》《优秀中职教师胜任特征分析及职业规划》等课程，提高了教师、行政的专业水平。

 构建职教文化，彰显办学特色，实现跨越发展

三年的研修，我本人不仅仅收获的是自身的成长，学校的办学声誉日隆：

(1)职业教育课程文化初步建立。中德诺浩、联想特色项目的引进与校本化、未来海尔智能家居项目的落地；创建“校中园”附属东港幼儿园、“校中企”联想实训基地、办优质职业教育为社会排忧解难；吸纳企业优秀专家进校园、进课堂，开阔了教师、学生的专业视野，提升了专业课堂教学的有效性，初步实现了跨界融合、开放包容的课堂教学环境；建立了以“职业素养”为核心的企业文化和“培养阳光健康人格”为核心的体育文化在内的“三色生活德育”课程体系：职业素养与正面教育课程体系、服务周课程体系、实训导学课程体系、新生入学课程体系、健身操课程体系，不断创新德育课堂内容与形式；率先在全市中职校开展符合职教规律的校部二级改革；等等，这些都让黄埔职校与传统普通教育告别，让职业教育有了更好的文化选择与自然回归。用一系列事实来见证学校的长足发展。

(2)学校综合实力不断提高。连续三年荣获广州市中职学校毕业班评估优秀奖及毕业班评估免检学校；2017 年获广州市“第二届职业教育金睿奖”最具发展前景奖；获第四届广州市中小学德育创新奖；被广东省教育学会评为 2015 年中职公共艺术课程教学先进单位，艺术团健美操队多次获得全国、省市级别比赛的一等奖，合唱舞蹈在广州市中学生合唱、舞蹈比赛中获得第一名，这些都是一个一个历史性的突破。

(3)专业发展蒸蒸日上。开发物联网与平面设计专业，成为制定中职学校物联网专业标准的牵头学校；承办广东省机器人技能竞赛和电子商务运营技能大赛，一项项的国家省市专业与艺术技能竞赛获得耀眼成绩：其中两项专业技能竞赛分获国家级特等奖和三等奖、广东省一等奖；在高素质的企业就业，联结了联想集团、思科公司、奔驰龙星行、广汽本田、丰田和菲亚特、广州港外理集团、南方物流、状元谷亚马逊、广州石化建安公司、广州海格通讯集团股份有限公司、逸臣集团、开发区一幼二幼、育蕾幼儿园等开展校企合作。

(4)构建职教立交桥造福社群。与广东机电学院和广州工程技术学院建立中高职三二分段衔接，高职高考升大班 100% 升学；社会服务方面取得历史性突破，黄埔电大由 300 多人发展到 1000 多人，由 4 个专业发展到 8 个专业。

(5)精心打造家一般的美丽校园。在我的带领下，黄埔职校建立起具有职业教育特色、具有现代型的、融合企业文化内涵的生趣盎然的校园、春风化雨的育人环境。也得到了企业、社会、政府、职教同行的高度美誉。

借力、实践、引领、提升，这是三年来我的成长路。在广州市名校长培养对象的平台上，我将一如既往踏实工作，认真学习，在新的领域不断超越自己。

(本文撰写于 2017 年 7 月。)

我对校本课程开发的一些反思

4月的春天，在重庆，一次富有意义的学习开始了。

我们这批来自广州教育界的40名教育人带着共同的使命开始了在重庆为期一周的学习之旅。

在华南师范大学基础教育培训与研究院几位教师的精心安排下，我们分别聆听了“基于跨界与融合的课程改革”“学校文化：在地域与行动中养育”“校长怎么观课与议课”“基于课程意识的学校课程建设”等讲座后，又分别走进了重庆涪陵区第十四中学、巴蜀小学、珊瑚小学和育才中学四所学校进行考察学习。培训，给校长们带来的不光是显性校园文化的视角冲击，更带来了不少深层次思考：聚焦于建立在课程意识之上的学校特色课程建设的新思路。尤其是在珊瑚小学的考察过程中，对学校在校长带领下能够真正大胆实践推动学校课程改革感到由衷敬佩。

由此反思我们学校目前进行的公共基础课的课程建设中遇到的问题，的确很有感触。

反思一：教学实验与改革的成功，必须落脚到教师身上。没有教师的真情、真爱与真参与，一切改革都只是镜花水月。在珊瑚小学，课改其实无异于就是教师教育教学观念的变革与更新。因为70%的教师在校长和学科带头人的带领下开展课程开发，所以才有了学校课程建设带来的可观、可喜的质量效益。在当天我们观摩的语文课上，一堂“语言与艺术”的课堂可谓是课程校本化的很好的范例，而那位任课教师本来还不是该班的语文教师，纯属跨班上课。尽管如此，我们无论是教师在相关的情境设置、活动构建、学习形式、师生互动还是课堂的氛围，自始至终都是那么和谐与自然，仿佛那天上午短短的40分钟一刹那就过去了，我们观课者感受到师生是在一起愉快的聊天和交流中习得知识与智慧，也深刻感受到教师经过实践探索中自己开发的课程与教材更具亲和力和富有教育效果。我想，这就是珊瑚小学校长的“亲亲课程”所倡导的教学理念在实践教学中的有效应用吧。

可以说，教师的积极参与是课改的关键，这也是很多学校教学改革遇到瓶颈的最关键原因。

反思二：以学生校内外活动资源为内容，拓宽课堂空间，多元视角构建生活化的校本课程。

学习考察中，我发现“以学生校内外活动资源为内容构建生活化的校本课程”是几所学校在校本课程开发上的一个共同的原则。结合我目前进行的德育课校本课程开发，谈谈我的体会。在我们职业学校中，职业素养是学生必修的一门课程，为了进一步开展礼仪方面的素养教育，我们一方面构建了以校园生活为素材的健美操德育课程，把德育、心理健康教育融入体育文化当中，把德育课题带到运动场上去。这样的德育活动课程，既为学生一生所需要的基本身体素质和良好气质的养成提供了土壤，也是一种帮助学生在生活中学会发现美、享受美、创造美的生活化、校本化的和谐德育。同时,结合中职德育课教材和学生的现实生活,我们以行动研究法开展初步的尝试,对人教版的德育课教材的相关知识进行重新整合,以所有合适学生教育的、以人的职业发展脉络所需要知识和能力为基础,并对各种资源整合后融入教学中去,进行德育教材的课程化、校本化的开发,以此解决德育课教学的针对性、生活性和实效性问题。实际上,生活化、校本化德育课程的实施基本实现了"贴近学生、贴近实际、贴近生活"的原则,教师教得有成功感,学生学得轻松愉快并富有教育意义,可以说,有效德育在这里得到初步实现。

课改,让教师不但能在实现教材的教学目标和创造性开发教材中找到积极思维、积极研究的内驱力,而且因为用自己开发出的学生感兴趣的课程来授课可以更为有效克服职业倦怠。我想,还有什么比这个能够更好地推动教师自觉投身教改的理由吗?

(本文撰写于2015年4月。)

第四章 麦田耕耘

以下是本人从教30年来的学习心得体会。30年，对一个人一生而言，说长不长，说短不短。但对于一个人的职业生涯而言，也算是悠长的岁月。30年职业生涯，错过了很多事情，但是唯有教学和读书没有错过。专业上不断成长与本人的努力学习、不断提高自己是分不开的，也因此本人撰写了《做一个麦田里的守望者》自述成长路。在此过程中，本人通过不断学习，撰写了不少关于学生、关于学习、关于个人发展的文章。那些经过深读有感而发的文章，像要做麦田守望者的霍尔顿、小豆豆以及她的校长小林宗作的故事，至今仍在深深影响着本人对教育的深刻理解。

做一个麦田里的幸福守望者

一 我的幸福成长路

我是1989年7月毕业于广州教育学院思想政治教育专业的,毕业后被分配到广州市第八十四中学,从此走上了三尺讲台,至今已在教育教学岗位上辛勤耕耘了整整30年(除其中一年借调区教育局人事科工作外,其余时间一直坚持在教学岗位任教)。因工作关系,我于2009年9月调动至广州市第八十六中学工作,2010年8月调动至广州市黄埔职业技术学校工作。其间,2000年完成华南师范大学政治教育专业本科自学考试的学习。2005年9月至2006年8月借调到区教育局人事科工作。2003年12月被评为中学高级政治教师(2004年9月聘任),至今已满13年。2017年8月经人力资源和社会保障部教育培训中心考核认定为青少年职业发展辅导师(中级)岗位。2016年7月和12月分别获得"注册正面教育学校讲师"和"注册正面教育家长讲师"。任教以来担任班主任工作1年,年级主任3年,教务处副主任分管德育工作2年,人事秘书4年,2006年9月起至2009年8月在广州市第八十四中学分管德育工作(2年)和教学工作(1年)。2009年9月至2010年8月在广州市第八十六中学高中部任副校长,分管德育工作。2010年8月调任广州市黄埔职业技术学校,任副校长(主持全面工作),2011年至2017年8月任该校校长兼党支部书记。2017年9月起调往广州市黄埔区教师进修学校(黄埔区教师发展中心)工作。曾任黄埔区职业教育研究会理事长,区学校管理研究会常务理事,现任家庭教育研究会常务理事,是广州市教研院认定的德育学科带头人,也是广州市基础教育系统新一轮"百千万人才培养工程"第二批名校长培养对象,目前还兼任广州市第十四、十五届人大代表。

二 我的教书育人路

我是在读初一的时候因受一位如慈母般的数学老师教诲而立志当教师的。而我自始至终认为,一旦为师,就不能误人子弟,就应全情投入,以完成教书育人的重任,当好"人师"。在27年的教学实践中,我是这样想的,也是这样做的。

任校级干部以来,我担任副校长(分管德育)3年,担任校长(含主持全面工作的副校长1年)7年。工作中,我自始至终树立爱与责任的意识,关爱学生,为人师表,准确地把握学生的成长规律,及时了解学生的心理动态,更好地发挥非智力因素对学生学习的正反馈作用。担任校级领导以来,几乎每学期都要走访学生家庭,了解学生家庭状况,及时解决学生思想问题。在职校担任校长期间,我多次到学生家里走访谈心,解决学生心理上或学习上的问题。由于众所周知的原因,职校生源整体素质不高。黄埔职校的生源,大部分来自各初中学校的学困生、问题生,由此可知职校学生思想工作难度有多大。如果没有爱心、较高的育人能力和育人智慧，是很难做好学生的思想疏导工作的。为此，我亲自编写了《黄埔职校新教师入职手册》，亲自为青年教师上职业规划课，亲自为新进教师做入校辅导，不断提升职校教师的教育教学能力。同时，我还克服各种困难，在繁忙的行政工作之余亲自参加每个学期教务处组织的各专业部的学生座谈会，深入了解学生的学习、思想和工作情况以及学生的心声，并及时回复或者处理，让学生在学校安心乐学。近四年来，我每学期均亲自为自己任教的班上班会课，为任教班做好思想教育工作。2016 学年第二学期，我还为 15 联想班的学生上了 5 节班会课，其中一节为学校公开课。我还亲自为改善学生住宿环境做设计，为学生们打造家一样的温馨住宿环境。

职校任职期间，我还利用课余时间、利用住在学生宿舍里的机会，走进宿舍、走进教室、走近学生，与学生勤谈心，了解学生心态和在学习、生活中遇到的困难，对症下药，耐心地给予相应的指导和鼓励。在引导学生健康成长方面积累了不少成功案例。例如联想专业班学生阿宇，因为长期受到班里同学的欺凌，在外出实习期间回校时准备要对付欺凌他的同学，我知道后及时介入，在得知其并没平息怒气并扬言要再回学校对付同学的情况下，又连夜与德育副校长、班主任一起赶往他在沙河的家里做孩子的思想工作，最后成功地让他平息了怒火和怨气。现在孩子已经在家乡的某手机连锁店工作，表现良好。由于学生或师生矛盾、学生要求退学的个案几乎每个学期都会遇到，只要是我遇到的，都会积极介入解决，及时化解各种问题。例如，12 级幼师班小梅，是班里活跃分子，但是由于感情问题，她与其他班的一个男孩产生了微妙的感情，影响到了学习与生活。为此，我亲自到学生家里家访，并送上一本年级优秀学生的证书，耐心细致地做了小梅的思想工作。孩子和家长非常感动。最后小梅主动离开了男孩，并积极投入艺术团的工作中，让自己的学习生活充实起来。目前，该生已经在我区一所公办幼儿园担任保育员，工作积极努力，受到幼儿园领导的好评。

三 我的教育研究路

2009 年以前，我所任职的广州市第八十四中学是广州市 E 类学校中的弱校(2002 年没有评上区一级学校前，属于区里的薄弱学校)，学生素质较低，初中和高中入学成绩经常是黄埔区倒数第一。2004 年我所带的初三年级，入学时的监测成绩不但全区倒数第一，而且与全区入学成绩倒数第二名的学校相比还低 30 多分。尽管如此，我没有气馁，没有悲观，而是迎难而上，根据学校的实际与教学的实际，以课堂教学为切入口，教活教材，活教学生。为了达到“教活教材、活教学生”的目的，我严把备课关。为了备好一节课，有时我可以用二、三天时间思考、上网查找资料，想到了切入点，心情就激动不已。为了备好课，我还自费订阅或购买并阅读各种教学参考书、杂志，通过学习，我的教学能力得到了较大的提高。我敢于打破经验束缚，敢于接受新思想，尝试新教法。课堂上，我上的新课普遍采用发现法、启发式教学，我十分注意从学生认为不起眼的但事实上又是严谨简洁的课本表述中，找出重点难点，摆出思路，指出学法，把课本讲活讲透，讲出情感，讲出“味道”，并让自己振奋的情绪感染学生。也因为这样的原因，在这么多年的教学实践中，我都能孜孜不倦地追求教学创新，积极投身课改，积极开拓课堂教学的新模式，走理论与实践相结合的道路。在全情投入课改的同时，我也在不断提高，也让学生学以致用、学有收获，在学生中建立了较高的威信。经过艰辛的努力，尽管任教的这届初三年级学生基础较差，但我仍然超额完成了教学任务，取得不俗的成绩，在我校参考率近 90% 的情况下，我校中考政治成绩达 56.68 分，超过了广州市平均分，我所教的班政治平均分达 67.8 分，这一成绩已远远超过了广州市 E 类学校的平均分。

在高三政治备考复习中，我注重知识的整体性，不生硬割裂各章节之间的内在联系，前后知识挂钩，不断重复和强化，让学生“温故知新”，也使学生“学新固旧”。我制定的备考策略恰当，使学生视野开阔，知识脉络清晰，收到了较好的复习效果。2003 学年至 2008 学年，我任教高三毕业班政治课，带过三届高中毕业班，所带班教学成绩较好。其中所带高三参加毕业会考合格率均能达到 100%，政治高考成绩均超过同组平均分。2009 年 9 月至 2010 年 8 月，我在市八十六中学担任高一年级两个班的教学，教学成绩突出，第一学期所带班考试成绩排名年级重点班(4 个)第一名和普通班(12 个)第二名。

2010 年 9 月至今我开始了自己的职校工作生涯。作为一名职教新人，我在组织德育课的教学过程中，积极按照新课改的自主、探究、合作、共享的理念开展理实一体的教学模式，进行体验式、情境式、参与式教学改革，提高学生参与对职业素养的认识、理解、感悟和行动力，增强德育课堂的时效性、实效性。一方面我重视教学方法、方式的研究，为在有限的时间提高教学效率，我除了制作简易的复习课件展示直观、具体的教学情境外，还通过构建生活化、情境化、游戏化的教学活动来开展教学：一是小组学习激发学习动机，二是行动导向、理实一体。在运用行动导向教学模式时，我以角色扮演、现场辩论等情境让学生在学习与活动中展示自我、发现自我，并在活动中鼓励学生大胆发表自己的看法。这种倡导“做中学、学中悟”的理念，不断增强了学生的学习积极性，学生在学习过程中得到了较好的情境感染，德育课的教学实效性也得到极大提高。

我还积极打破常规，在教学评价方式上进行改革。通过实施科学、多元的评价方式，注重平等性、开放性原则，以激发学生学习兴趣为原点创设评价方式。例如，我根据相关教育理论“合理需要的尊重与满足是人德性生成的基础和原动力”，改变单一的分数评价方式，以扑克牌数字作为分数，每次课堂活动后让学生随机抽取扑克牌作为小组分数，抽取的扑克牌既满足了学生的需要，也引起了学生极大的学习欲望与参与动机，团队意识明显增强，也让学生明白了人生机遇与勤奋努力是如影随形的哲学道理。为了更好地推广我的教学方法，每年均坚持按要求参与校级公开课授课。在我的带动下，目前学校的所有德育课和部分文化课教师能积极开展小组合作、行动导向的教学组织形式，较大程度改善了我们职业学校课堂教学效果差、学生学习积极性差的生态环境。

作为一名老教师，我为带动年轻教师进步，还积极参加课程教学比赛和学生教学指导，2014 年 10 月我参加广州市教育局组织的中国梦 · 园丁美中职教师教学基本功和专业技能竞赛，获职业道德与法律单项比赛二等奖，参加 2014—2015 全国性“一师一优课、一课一名师”活动，获黄埔区“优课”评比二等奖，2012 年辅导学生，获得第八届全国中职校文明风采大赛职业生涯规划设计优秀奖 1 人和广东省复赛二等奖 1 人。2016 年辅导学生参加第十二届全国中职校文明风采竞赛，获省教育厅颁发的“优秀指导教师奖”。通过自身的实际行动引领青年教师不断成长、不断学习、不断进步。

四 我的教学科研路

我曾参与 2009 年度广东省教育科学规划课题“做人教育的方法与策略研究”的课题研

究(广州市八十六中学课题,主持人:李赤),为排名前三的研究项目组成员。

我于2013年主持广州市中小学德育“十二五”规划课题《“三色”职业素养课程的研究与开发》的研究,2014年10月结题,被评为优秀等级。该课题于2013年成功申报为广州市精品课程。目前,该课题已经完成了三本校本教材《职校生活》《实践生活》《职场生活》的编写及印制工作。2013年5月我主持的《广州社区学院黄埔分院社区教育体系建立试点研究》被立项广州城市职业学院社区教育项目课题,获得经费10万元,现已结题。2013年作为第二申报人参与的广东省心理健康教育课题《中职生亲子关系影响因素及其干预研究》于2016年6月已经通过省教育厅结题。2016年4月作为主持人申报的区级课题《行动导向教学模式在中职德育教材校本开发中的应用与实践》(未结题),目前已开发了校本教材《智慧生活》(主编),目前在职校作为《生活与哲学》的辅助教材使用,受到教师和学生的欢迎。

多年来我一直坚持在教育教学一线耕耘,做草根式的实践性研究,结合课题研究和课堂教学反思撰写论文多篇并获奖或发表。2003年12月《初三思想政治活动课发展性评价的实践与方法初探》获评广州市优秀论文二等奖。2005年12月《新课程下高中思想政治综合探究活动实施与评价的思考》获评广州市第三阶段教学设计与实施活动——发展性评价研究成果论文二等奖;同年参与广州市教研室的普通高中实验教材练习册《学习与评价手册·生活与哲学分册》编写工作。《浅论当前学生课堂问题行为的德育管理策略》发表在2008年6月发行的《学校管理与中学生课堂问题行为研究》一书中(ISBN 7-81108-247-0/G·418)。《班级管理评价中的“加法”和“减法”》发表在2010年12月发行的《思索、探索、求索》(ISBN 978-7-80153-902-8/I·496),该论文于2011年9月参加第九届广东中小学校长论坛征文获二等奖。《学校推行健康操文化的教育思考》发表于《师道·教研》(CN 44-1299/G4)2012第12期。《开展“健美教育”实践性探索与思考》获黄埔区2013年德育论文比赛一等奖。《浅议中职学校德育校本课程开发的行动研究》获广州市2014年中职德育学术年会三等奖。《浅议中职学校德育校本课程开发的行动研究》发表于《师道·教研》(CN 44-1299/G4)2014第10期。2015年7月,教学论文《在“哲学与人生”中开展行动导向教学研究》获得广东省职业教育“产教融合”教学改革研讨会论文评选三等奖,并被编入《深化产教融合校企合作,推动中职教育创新发展》一书(ISBN 978-75668-1495-1),该文同时发表于《师道·教研》(CN 44-1299/G4)2015年第7期,并获得2015年由广州市中职教学研究会组织的广州市“中职教育产教融合制度创新”成果评比二等奖。本人撰写的《黄埔职校三色生活德育课程模式的构建》一文于2015年6月获得广州市第四届德育创新奖三等奖,该文发表于《师道·教研》(CN 44-1299/G4)2016年第1期,还在2016年初被《广州教学研究》总第617期(广州市教研院主办,内部交流刊物)和《中小学德育研究》总第46期(广州市教研院主办,内部交流刊物)刊登。结合职校学生学习动机的生成,我在课题实践中深入开展相关研究,撰写的教学论文《“ARCS”动机设计模型在中职德育课教学中的应用研究》2016年8月发表在《广西教育》(ISSN 0450-9889)2016年第8期。

同时,我还通过市级甚至国家级层面,宣传自己的办学和教育理念,分别在2012年6月在教育部师范教育司主办的、清华大学基础工业训练中心承办的2012年度第二期职业院校校长现代职业教育体系专业研究班上做《广州市黄埔职业技术学校生活德育人才培养模式的实践与探索》报告,2014年在广州市教育局组织的中国(北京)国际服务贸易交易会上做

《在服务中发展与创新》的专题报告,在 2015 年 6 月全市德育教师教研活动上做《基于行动导向下的学校德育》专题报告,2015 年 12 月在全市德育现场会做《黄埔职校三色生活德育模式的构建》讲座,2016 年 11 月为全市中职学校做《三色生活德育模式的研究与实施》专题报告,这些专题报告和讲座受到与会者的好评。我还积极推广学校的办学经验,为广东技术师范学院组织的三水市职业教育骨干团队、广州大学校长培训中心的来自贵州黔南州的职业教育骨干队伍分别做了办学理念的报告。近年来,我多次到化州职校授课,并到连南职校、连州职校、新丰职校等开展职业学校职业素养交流活动,并将编制教材作为宣传职业素质教育的成果进行推广,得到相关学校的高度评价。

近年来,我致力于家庭教育和中小学学生心理的研究,并积极参与相关正面教育技术的实践活动,在获得青少年职业发展辅导师(中级)岗位、“注册正面教育学校讲师”和“注册正面教育家长讲师”后,我多次到区内学校讲学上课,2016 年 12 月到黄埔区新港小学为学校的家长做了“孩子教育中的正面教育”家长培训,2017 年 2 月为黄埔区港湾小学的全体班主任做了“正面教育”教师培训,均受到受训学校的高度评价,2017 年 2 月为黄埔职校青年教师做了“正面教育在班级”的培训。

在副高级教师的岗位上,我积极培养年轻人。广州市 86 中高中部的现任老师曾燕,我曾经手把手教给她教学的组织和方法,使其进步快速,该教师于 2011 年从八十四中调至广州市八十六中后,教学深得学生欢迎,已经迅速成长为一名长期担任高三教学的骨干教师,并担任政治科科组长和年级级长。黄埔职校张文婷老师是学校的心理学专职教师,自 2013 年 9 月参加工作以来,我积极指导并帮助她成长,目前她主持的省级课题已经申报结题,并在短短三年时间里获得黄埔区优秀教师的光荣称号。2015 年,我为财会专业莫绮霞老师申报高级教师做评课技术指导,该教师也成功获评高级教师职称。邓以琼老师是我校物流专业课教师,在我的指导帮助之下,她代表黄埔区参加广州市中职组班主任技能大赛获得广州市第五名二等奖的好成绩。对德育科组年轻人的进步,我也时刻关注。我悉心指导沈佳函、郑宋娟、黄小燕等教师专业上的成长,三位教师目前已经评上中级职称和高级职业资格。我还带领全体德育课组教师研发职业素养校本教材和二次开发《哲学与人生》教材——《智慧生活》,为德育科组教师教学科研能力提升发挥了传帮带的作用。2017 年 5 月,本人受聘为广州航海学院客座教授,为航海学院 14 级电子商务本科专业学生讲授专题心理课程。

五 我的学校管理路

任职黄埔职校校长七年,为彻底改变黄埔职校校园育人环境欠佳、课程建设不合理、师资队伍薄弱的种种问题,我常常以校为家、废寝忘食、克己奉公、求强创新,用高度的使命感、事业心和责任感去完成校长职责范围的工作。我从教学管理制度、管理机制、常规管理入手,着力按照教育部和省教厅文件标准要求开展符合职业教育规律的管理,学校在校企合作、德育管理、教学管理等方面也日益走上了有内涵、有特色发展的路径。在 2012 年、2014 年、2015 年和 2016 年广州市中职毕业班评估中获得了广州市中等职业学校毕业班工作优秀奖(一等奖),其他年度均为良好奖(二等奖)。2013 年学校电子商务专业参加全国电子商务运营技能大赛获得唯一的特等奖。2014 年和 2015 年连续两年承办广东省教育厅主办的机器人技能大赛,团队均获一等奖。2014 年代表广东省教育厅参加国家级技能竞赛获得三等奖。学校电子商务专业2013年被广东省教育厅授予广东省重点建设专业。除保证了原有与广东省机电学院开展汽车运用与维修专业三二分段的资格，又获得了省教育厅同意与广州工程职业技术学院开展机电技术应用专业三二分段合作，汽车运用与维修专业成功开启了订单培养的大门，教育部推荐的德国“双元制”人才培养模式中德诺浩“订单班”首次在广东的中职学校落户。成功实现学校计算机专业转型升级，引进联想3C服务课程体系，开展校企合作下的共建课程、共同评价、共育人才的联想工程师培养与认证项目，在广州市和广东省职业教育领域受到广泛关注。2012年学校被评为三星民主管理单位。学校目前还承办了一所附属公办幼儿园，办园四年来，无论社会口碑、办园质量均得到政府、家长和社会的认可。学校还承担了广州电视大学黄埔分校以及广州社区学院黄埔分院的办学，有比较高的社会认可度。截止到2017年6月，黄埔电大专科层次专业有5个，本科层次有2个，学生人数近1000。

所以，黄埔职校七年的发展成果和办学业绩是有目共睹的。

在学校校园文化建设上，我充分结合职业学校和学生实际，积极开展“企业文化进校园”活动，以学校“三色德育课程文化”建设为重点，在学校职业素养、体育、实训课管理等课程上注重企业文化元素的注入，以此推动学校德育工作水平的全面提升。同时带领团队开发了三套校本职业素养教材，对学生进行入学和入职前行为养成教育。在体育课程开发上，充分调动体育教师积极性，以健身操为支点，充分利用体育课、课间操和阳光体育一小时活动全面推广健身操和广播体操文化；在艺术教学上，关心、支持特色社团和艺术团活动，强化校园文化建设。以“尊重个体、挖掘潜能、展示技艺、发展特长、培育风尚”为原则，把社团建设作为培育学生积极向上的心态、促进学生树立人生理想、提高学生热爱校园的品质的教育手段来打造。通过艺术团、街舞社、动漫社、跆拳道社、文学社等社团的活动，学生的技艺和个性得到最大化的展现，这对学生的健康成长有着积极的意义和深远的影响。艺术团舞蹈队多年来一直坚持参加“魅力校园”活动，并在2014年分别赴云南和韩国交流演出，在全国和国际艺术表演舞台上大放异彩，获得突出成绩。学校被中国关工委授予2013年中国校园文艺榜中榜荣耀盛典年度十优影响力艺术教育名校和2014年第十一届中韩青少年文艺交流盛典活动“中韩艺术交流优秀团队”。学生参加2014年广州市中学生啦啦操比赛获得一等奖，全国啦啦操大赛一等奖。学校艺术团近五年参加国内和国外各类舞蹈比赛并多次获得金奖。

六　继续守望那一片幸福的麦田

我深知，“教无极限，学无止境”。因此，我非常珍惜和把握学习机会，注重自学，自费订阅、购买多种教育、教学和专业书籍钻研新方法、学习新模式、提升自身的专业修养。通过学习，改进自己的教法，完善教学思想，把别人最新的教研成果消化、吸收或借鉴到自己的教学实践中，既提高自身的“教力”，又不失时机地提高学生的“学力”，使同一课题的讲授，内容常新，角度常变，学生学起来满意，自己教起来“得意”。通过持续的读书和学习，近几年我相继撰写了《谈谈职业教育中的“一个都不能少”——读<窗边的小豆豆>有感》《感悟<给教师的建议>点滴》《做一个麦田里的守望者》等书籍的读后感。为了拓宽知识面，提高专业素质及综合素质，我还认真参加各类提升个人业务的继续教育课程，包括《专业技术人员权益保护》《高二政治新课程全员培训》《专业技术人员权益保护(远程教育)》《普通高中新课程培训——政治(高中教师职务培训课程 远程教育)》《全国教育工作会议和教育规划纲要精神(中职校长班)》《高中政治新课程创新教学设计(远程教育)》《感觉统合训练概述》、三级心理咨询师培训等在内的继续教育学习。近几年来,我还参加了由广州市教育局主办、北京师范大学协办的广州市特殊教育学校校长高级研修班,教育部职业教育与成人教育司主办的国家教育行政学院协办的职业院校校长专题研修班、广东省技术师范学院组织的2015年广东省中等职业教育“产教融合·教学改革”论坛、广东省物联网协会举办的“物联网产业产教融合职业教育集体恳谈会”和广州市基础教育系统新一轮“百千万人才培养工程”第二批名校长培养对象培训班的各项培训任务,不断提高自己的管理水平和完善自己的办学理念。

2011—2016年验证期内,我的继续教育完成共计近1600个课时的学习,副高级教师任职内超额完成每年的继续教育任务。

从教以来,上级组织及学校给予我大量的支持和鼓励,并授予我多项荣誉:1994年广东省“南粤教坛新秀”、1994年区“优秀青年教师”、1998年区首届十佳“青年教师”,2012年、2013年和2015年区政府嘉奖,2014年1月在第九届全国校园文艺汇演暨第十四届全国校园春节联欢晚会活动中,被评为“百佳艺术教育工作者”。2013年被广州市职业教育学会评为广州市中等职业学校“优秀教学管理工作者”,2014年被广东省职业教育学会评为广东省职业院校先进德育工作者,2014年12月参加广州市教育局组织的中国梦·园丁美中职教师教学基本功和专业技能竞赛获职业道德与法律单项比赛二等奖,2015年被教育部教育管理信息中心评为“全国职业核心能力优秀校长”,2016年7月被广东省教育厅和广东省人力资源与社会保障厅评为十二届全国中职校“文明风采”竞赛省复赛优秀指导教师。任期内的13次年度考核,我3次被评为“优秀”,3次受到嘉奖,其余为“称职”。目前是广州市中职学校专业(学科)带头人,广州市基础教育系统新一轮“百千万人才培养工程”第二批名校长培养对象。作为广州市第十四届人大代表,被评为广州市人大2013年履职积极代表,作为议案领衔人领衔的第001号《关于深化“村改居”管理体制综合改革 促进新兴城市化发展的议案》被广州市人大评为2013年度优秀议案。目前是广州市第十五届人大代表。

在教育的麦田里,我始终不忘初心、牢记使命,始终坚守自己内心那片幸福的麦田。

(本文撰写于2018年9月。)

谈谈职业教育中的“一个都不能少”

——读《窗边的小豆豆》有感

经朋友推荐，我阅读了日本作家黑柳彻子以自己亲身经历为题材撰写的小说《窗边的小豆豆》，读后感慨万千，也让我这个从教20年有余的老教师对自己的教育观念有了一个重新的思考与定位。

教育究竟是什么？我想在《教育学》之类的书刊里不乏深刻的理论论证，可是在黑柳彻子看来，教育就是和风细雨，教育就是尊重人、关爱人，教育就是受教育者在生活中探究知识的奥秘和将被动的行动化为自觉自愿的行动，教育就是受教育者内心的自省和教育者不经意的提醒。

细细回味那些感人的画面和朴素的语言，让人产生难以言表的情愫。

这是小豆豆因为被原学校退学后跟着妈妈坐电车到新学校面试的路上，在电车检票处跟妈妈在一起的一段画面：

……小豆豆把手叉在腰间，一面端详着，说：“跟售票员叔叔家的男孩子一起工作，也是个不错的主意，我想一想吧。不过我现在挺忙的，我要到新学校啦！”

说着小豆豆跑到了等在一边的妈妈，说：“我打算做一个售票员！”妈妈却一点也没有吃惊的样子，说：“不过，你不是说要做间谍的吗？那可怎么办好呢？”

小豆豆被妈妈拉着手，边走边想。“是啊！以前是下决心坚决要当个间谍的。不过，能当个刚才那样的人也不错呀！他能把车票收成满满一箱子呢！”

“有了！”小豆豆突然想到一个主意，她看着妈妈，大声宣布：

“哎——我本来是想当个间谍，但是装作售票员的样子，怎么样？”……

在小豆豆妈妈那里，孩子天真无邪的幻想被认真对待和得到最大的尊重，小豆豆妈妈用近乎童真般的教育方式去贴近孩子，呵护孩子幼小又充满奇思妙想的心灵，保护了孩子慢慢觉醒的自尊心和强烈的好奇心。

这是小豆豆被原学校开除后跟妈妈一起到新学校——巴学园，跟这个学校的校长小林宗作第一次见面单独谈话的情形。

……这时候，小豆豆感到自己生平第一次遇上了自己真正喜欢的人！因为，从小豆豆出生后直到现在，还从来没有一个人这么长的时间来听她讲话呢。而且，在这么长的时间里，校长先生连一次也没有打哈欠，一次也没有露出不耐烦的样子。他也像小豆豆一样，向前探着身子，专注地听着。

那时小豆豆还不会看时钟，但她也感觉过了非常长的时间。如果她会看时间的话，一定会更加吃惊，而且会更加感激校长先生。因为，小豆豆和妈妈到学校是八点钟，在校长办公室说完话，决定让小豆豆成为这个学校学生之后，校长先生看了看怀表说：“啊，已经是午饭时间啦！”这就是说，校长整整听小豆豆说了四个小时的话。

无论之前，还是这之后，再也没有一个大人这么认真地听小豆豆说话了。

另外，刚上一年级的小豆豆，居然能够一个人说四个小时的话，要是妈妈或者从前学校的老师听到了，准会大吃一惊。……

四个小时的倾听，这是发生在一个成年人与一个只有6岁多的小孩之间的事情，是多么不可思议啊。我想，这算不算是真正的教育呢？

就是这样，一个被原来学校定位为无可救药的而被开除的坏孩子、一个在现代人眼里看来就是个小儿多动症、很有可能被老师建议接受治疗的怪孩子，在巴学园这所学校里，在小林宗作校长那与众不同的教育方式引导和教育下，小豆豆当然和她的小伙伴享受到了从来没有过的快乐与幸福：每天上课的地点是在改装的电车课室里，孩子们每天的座位可以不固定，孩子们每天上午自修完学校必修的内容，下午可以挑选自己喜欢的内容学习。游泳课提倡孩子们裸泳，为的是互相认识各自的身体结构。学生运动会不经意地为一个残疾孩子设立有利于他身体特点的项目，为的是让身体残疾的孩子不要产生自卑心理，为的是让孩子们面对失败也学会享受运动带来的快乐。上课的地点除了课室，还可以随时是田里、山里、寺庙里、海边的温泉里，让孩子去探究生活里的常识，初步思考人生的意义。小林校长带着孩子们晚上一起去抓鬼，为的是消除孩子的恐惧感。校长带领孩子们学习韵律操，培养孩子们的节奏感、韵律感和快速反应的能力与对生活的热爱。每天中午大家带的午餐必须有“山的味道和海的味道”，哪怕是在可怕的战争年代、哪怕是简单的咸鱼和青菜都可以，为的是让孩子们有均衡的营养保证健康的体质；餐前大家齐唱吃饭歌，让孩子们学会感恩、珍惜生活……

在有着天使般心灵的小林校长那里，每天都有新奇的、让人兴奋的教育方式出现，让孩子们对每天学校的学习生活产生热切的期待与向往，让孩子们的内心自省、自信、自强、自律、宽容的优良心理品质得到不断的强化，这样的学习方式也为小豆豆和她的伙伴奠定了一生的基础。

反思我们的教育，在提倡了这么多年的素质教育后，回望我们走过的教育历程，比照小豆豆的遭遇，我想到了那些被留级的和被开除的孩子。扪心自问一下，在我们教育者的观念中，我们的教育目的是什么？难道是为了让一个人经历过一段时间的学习后，证明自己没有存在的价值？难道是为了让教育的对象逐渐丧失信心和做人的尊严？难道是为了让孩子们在应试教育的泥潭中沦为读书机器和知识的容器？

我想，黑柳彻子和小林宗作校长给了我们答案。这个答案浅显易懂，并不深奥，它潜藏在作者温情的文字里，潜藏在作者童年的幸福和快乐情绪里，潜藏在小豆豆与妈妈每一次不经意的对话里，潜藏在小林宗作校长那真挚的教育态度、生活化的教育实践，富有创造性、富有诗意和富有人性光辉的教育方式里……

回归我们的职业教育，职业教育走到今天，我们不能不反思，每年为数不少的学生流失，其原因究竟是什么？为什么我们搞了那么多年的职业教育，我们的劳动者素质以及他们所制造的产品质量，还远远比不上发达国家？我想，这不是劳动者的问题，而是我们的教育出了问题。大多数职业学校，给人的印象无不是“散漫”“颓废”“无心向学”“邋遢”，甚至于“暴力”“拳头”“群架”，好像谁的孩子进了技校、进了职校，谁就与低素质、没文化、没教养画上等号。这不仅仅是社会和不少家长的普遍认知，可怕的是，它还存在于教育者的群体意识里。在这样的生存环境下，这些本来就没有什么好习惯、学习也一般甚至是“没有学习能力”的孩子，当进入职校的那一刻起，就失去了做一个优秀劳动者的动力和先天的思想基因。正因为如此，他们中的一些意志薄弱者，难免产生自暴自弃的想法和做法，也因此犯下种种错误，并且成绩低劣。此刻，作为老师我们是拉他们一把还是把他们钉在“留级”和“开除”的十字架上？

在一些人看来，职校学生流失、学习习惯涣散、学习秩序松散是再正常不过的事情，其他职校、技校不都是这样吗？你动员所有的专业部长去搞招生，还要求专业部出试题考核新录入的学生，学期末了还要弄什么试卷评讲，那是浪费时间，学生不喜欢，老师也怨声载道，最后还有人给我送上一顶帽子：你根本不懂职业教育！

我无须去争辩。我只是想表达我的一些看法，这是我认真把全校160多位专业课老师中大部分老师的课听完后，是我到了将近十所省内外职校学习考察后，是组织了一系列走进社区文化实践活动后，是带领同事们开拓十几家市区大型国有、外资和民营企业顶岗实习大门，与企业家们对话交流后的一些粗浅看法。因为我一直弄不明白，既然职业教育出了这么多成绩，也有不少值得推广的教学模式，那为什么我们的产品质量还有这么多的问题。带着这样的深思，经过将近一年对职业教育的观察、了解、思考，我想我多少找到了答案。撇开经营者主观原因不说，单就我们的生产流程而言，如果我们的劳动力生产素养足够高，如果我们的生产环节多一些严谨、细致、认真、一丝不苟、滴水不漏乃至于有些刻板，哪里会有这么多的质量问题？可是这些意识哪里来，归根到底是从教育中来。如果我们的教育能自觉做到有始有终、善始善终，我们的教育多些宽容、多些爱护、多些研究学生的情况、多些跟学生交流沟通谈心、多些尊重、多些平等交流、多些了解学生们的内心世界，也许我们的学生就不至于流失于校门之外。

搞职业教育首先肯定要讲教育，讲教育的规律，没有渗透教育“营养”的所谓职业教育，那是没有生命力的，只是空泛、空虚、空洞、机械化的流程而已。所以，职业教育倡导“一个都不能少”的教育理念，也基于这样的原因。

从小林校长那里，结合我20多年对教育的理解以及短暂的职业教育经历，我对“一个都不能少”有这样的理解：

一个都不能少，是说我们工作中的每个环节都不能少。在常态教学过程的环节中，它包括了教学准备、课堂的过程、教学的结束、教学的评价、教学的反思，每个环节都不可或缺，都应该有进行严谨而有序的实施程序，尽量杜绝课堂或实训过程中的随心所欲；在工作环节中，它包括了我们做事的计划、执行、调整、协调、总结，在这个过程中，潜藏着教育工作者的工作态度、责任心、敬业精神、互相尊重、强有力的执行力、处理问题的智慧与创造性等软实力，可以说，它也是职业人良好职业素养的表现。

一个都不能少，是说在学校工作的教职员工都负有教育孩子的职责和义务，一个都不可或缺。学校的每个角落、每堂课，全体教职工都有义务最大限度地协助、指导孩子们改善行为习惯、生活态度，给他们以正确的价值导向，帮助他们形成正确的价值观，德育工作不仅仅是班主任的责任。做到了这一点，职校的德育工作就没有困难可言，也是职校孩子们最大的幸福。

一个都不能少，是说对孩子们的关爱应该是全方位的，是促进孩子各方面尤其是做人上的成长与发展，而不是仅仅注重他们的学业与技能的进步。在这一点上，它对职业学校尤其显得重要。《窗边的小豆豆》中，小豆豆能够从一个被开除的孩子成长为知名作家、节目主持人、联合国儿童基金会“亲善大使”，给我们的启示在于，教育不仅仅在于知识的传授，甚至是这些知识本身并不重要，更加重要的是在于在孩子们学习过程中，如何激发他们人性的善良、养成良好的行为习惯与思维方式，学会尊重与互助，责任感和敬畏感，这也是黑柳彻子成功职业人生至为关键的元素。这一点恰恰是我们当前教育迷失方向的重要原因，也是我在走访企业过程中，与不少企业家共同探讨这一问题后彼此形成的某种共识之一。

在每个教育工作者的内心和行动里，给每个孩子最大的关爱和理解一个都不能少。在小林校长眼里，每个孩子都得到最大的关爱，所以，“你们大家都是一样的，无论做什么事情，大家都是一样的。”这是小林校长常常挂在嘴边的话语。每个孩子的意识里，校长都很喜欢他们，很关注他们的成长，没有一个孩子被另眼看待，哪怕是个残疾孩子，他也像普通人那样健康成长而不必担忧老师和学校过分关注、爱护带来的更大的自卑与落寞。在这一点上，小林校长给我们做了很好的榜样，这样的爱是有技术含量的爱，这样的爱就是大爱无痕。

也就在不少职业学校煞费心思、千方百计在招生、在教学过程中培养职业精英的时候，我们换个角度想想，我们黄埔职校是否在开展平民化职业教育上闯出一条自己的路来，在为失去应试学习能力和没有养成良好习惯的孩子那里为他们找到存在的价值。我想，这样的职业教育才是成功的。平民化的职业教育是否也是“一个都不能少”的阐释呢？

不能让孩子们成为“窗边的小豆豆”（按照作者的说法，“窗边”是指被边缘化、被视为另类的）。孩子们也是人，如果你将心比心为孩子们付出，如果我们再付出些责任意识和关爱意识，多把孩子们看成自己的亲人、朋友，允许他们犯错误，也帮助他们改正错误；如果我们教师的教育教学能够多些严谨、多些研究生情、学情、教情，多些根据专业的需求进行教学研究，少些空话套话、少些急功近利、少些虎头蛇尾、少些应付敷衍、少些简单处理、粗暴对待、不讲道理或者视而不见任其违规，“一个都不能少”就不会是一句空话，中国劳动者素质提高、中国产品质量有保证就更不会成为一句空话。

我想我既是站在办职业教育这个角度去看问题，也是出于一个教育工作者的良知来谈这个问题。

执着于教育理想的人，执着于遵循教育规律的人，也许注定要孤独前行。但我相信，我并不孤单。

《窗边的小豆豆》的确是本好书，是教师和家长们都值得一读的好书。

（本文撰写于2011年7月。）

读书与课改

作为一名有20年普通教育工作经历的教师,因为工作调动的原因来到职业学校,真的有诸多的不适应。一是面对的教学对象大部分都是普通教育的不适应者,二是教学方式与普通学校的教学传统有比较大的差别,需要强调学以致用,强调技能学习,强调动手干活且要会干活,因为这里大部分的学生出校门就意味着要就业。作为一名德育课教师,我深感自身的职业教育素养不够,和职校的各位教师有很多差距,尤其是对职业教育理念了解熟悉上的差距,故此从一开始便战战兢兢地开始了自己的职业学校教学生涯。

为了尽快了解、熟悉职业学校教学规律,读书学习就成为我日常必不可少的工作。也因为职业学校学生毕业即就业的需要,所以对如何适应学生将来工作的需要开展德育课教学,就成了我的一项科研课题。

近年来,国家大力倡导职业院校教师开展行动研究下的教改,提倡课程内容与职业标准对接,教学过程与生产过程对接,所以文化课教师积极行动起来,投身于教改的大潮中,以职业教育规律探索教改路径。

要教改,离不开智者的指导,读他们的书就成了开展教改最有效益的途径。而读智者的什么书,对要尽快上手且要开展课程改革的职业学校"新"教师来说,这是一个非常重要的事情。这里,我要多谈谈职业教育资深专家徐国庆先生所著的《职业教育课程论》,因为它是我们开展课程改革教师必读的经典之一。

职业教育人比较实在,比较内敛。在徐老师的书里,没有名人的序或跋,有的只是一个职业教育工作者严谨、朴实的文风。徐老师在书中引经据典,对古代学徒制的课程论基因如何对现代学徒制产生影响做了比较详细的说明,并系统介绍了俄罗斯制、ME课程理论、CBE课程理论和学习领域课程理论等基于能力的职业教育理论,谈到了职业教育课程中学科论与职业论、普通论与专业论、基础论与实用论、目标与内容之间的关系,特别对职业院校如何有别于普通学校教育的课程模式,提出了职业教育不能构建学术体系的教育而应该是面向工作体系的教育的主张。他认为,职业能力就是工作胜任能力。作为职业院校,必须把提升学生的职业能力放在突出位置。那么如何实现学生的职业能力呢?他从建构主义、情景学习理论和现代学徒制的理论实践出发,提出开展项目课程开发的建议。他提出,项目课程开发应该以工作任务为课程设置与内容选择的参照点,以项目为单位组织内容并以项目活动为主要学习方式,并且应该建立以项目课程为主体的课程体系,这是由职校生学习特点和职业教育规律所决定的。

因此,我认为,要建立起这个课程体系,只是对专业理论与实践课进行项目课程建设是不够的,文化基础课也应该参与到这个过程中来。为此,在职教专家引领下,通过不断的学习与思考,我带动德育课教师根据项目课程理论进行了校本课程的开发与实践,取得了较好的成效，目前已经开发了《职校生活》《实践生活》《职场生活》三本校本职业素养教材，成为我们为学生终身发展奠基的一次有益的德育探索。

通过读书促课改，让职校的德育课教师不但能在实现德育课教材的教学目标和创造性开发教材中找到积极思维与研究的内驱力，而且因为用自己开发出的学生感兴趣的课程来授课可以更为有效地克服职业倦怠。我想，还有什么比这个能更好地推动教师自觉投身教改的理由与方式吗？

只有不断地读书学习和持续的行动研究，课改才能永远在路上！

（本文撰写于2013年7月。）

中职学校要注重多元教育

——读《麦田里的守望者》有感

霍尔顿·考尔菲德,那个反叛的少年。他对学校、老师、同学,对周遭的虚伪世界,全都非常厌恶。他被3所学校开除过,这一次也不例外,因为4门功课不及格要被校方开除。他却丝毫不感到难受。他曾是学校击剑队领队,也算是个有点特长的孩子,可是他对此却心不在焉,击剑队的装备在赶往比赛的路上都弄丢了,还觉得“挺好玩”。他也有喜欢的女孩,但对其假模假式又深感厌恶。他满口粗言,不善于与人打交道,思想和心灵充满了对现实和成人世界的极度鄙视,愤怒与焦虑始终在霍尔顿的内心与行为中交织。从现代心理学角度看,他也许是个有严重心理疾病的孩子,被断定为青春期综合征的机会比较大。可以说,霍尔顿的行为和心理特点,目前在职校的学生当中,是很容易被发现的。

对这些孩子,我们成年人表现出来的就是不耐烦,并且不断放大孩子身上的问题,从而采取疾风骤雨式的责备、批评和惩罚的方式去解决,而在学校看来,认为开除是解决所有问题的唯一出路。“他们在潘西常常开除学生。潘西在教育界声誉挺高。这倒是事实。”无疑,作者还试图揭示,潘西中学的成功与常常开除学生有着重要的关系。所以,处在青春期阶段的孩子叛逆,加上成年人的不当教育,师生关系、亲子关系不融洽就很正常不过了。

但是,小说所揭示的除了这些表征以外,又用不少篇幅去描绘这个孩子的内心世界里软弱和充满善良的情怀。这也正是我喜欢这部小说和主人公的原因。

初读小说,很多人不喜欢霍尔顿嘴里吐出的类似“他妈的”的粗俗语言以及近似疯狂的行为举止。吸引我一鼓作气读下去的,是霍尔顿复杂、矛盾的内心世界和一颗纯洁善良、追求美好生活和崇高理想的童心。我在想,如果我能读懂霍尔顿,职校的孩子我也能读懂……

放大霍尔顿的内心世界,有很多善良和美好的因子。

看他对母亲的歉意:“收拾行李时,有一件事有点儿叫我难过。我得把我母亲刚在几天前寄给我的那双崭新的冰鞋装起来。这使我心里难过。我想象得出我母亲怎样到期保尔丁商店里,向售货员问了百万个傻里傻气的问题——可我这下又给开除了。这使我觉得很伤心。”

看他对宿舍贫穷同伴的同情:“在爱尔克敦·希尔斯念书的时候,有一时期跟一个名叫狄克·斯莱格尔的家伙同住一个房间,他就用那种极不值钱的手提箱。他并不把这些箱子放在架子上,而是放在床底下,这样人家就看不见他的箱子跟我的箱子并列在一起。我为这件事心里烦得要命,真想把我自己的手提箱从窗口扔出去,或者甚至跟他的交换一下。我的箱子是马克·克罗斯制造的,完全是真牛皮,看样子很值几个钱……。我最后也把我的手提箱从架子上取下来,搁到了我的床底下,好不让老斯莱格尔因此产生他妈的自卑感。”

看他给素未谋生的两个修女毅然捐钱:“起来要走的时候,我做了件非常傻、非常不好意思的事情。我正在抽烟,当我站起来跟她们说再见的时候,不知怎的把一些烟吹到她们脸上了。我并不是故意的,可我却这样做了。我像个疯子似的直向她们道歉,她们倒是很和气很有礼貌,可我却觉得非常不好意思。她们走后,我开始后悔自己只捐给她们十块钱……可我心里总觉得很不安。他妈的金钱。到头来它总会让你难过得要命。"

看他对妹妹的爱护,本来他已经决定外出谋生,可是因为菲苾一定要跟哥哥一起去闯荡,他又决定留下来。因为他非常害怕自己的行为对妹妹的伤害。

所以,我喜欢这个孩子。在喜欢他善良的同时,也喜欢他内心和行动上对虚伪、龌龊现实世界的大不敬和蔑视。从他与老萨丽·海斯的对话,他对学校里求学问希望出人头地的人,对校园里拉帮结派,对校长虚伪势利的厌恶,从他看到墙上的下流字眼便愤愤擦去,连他敬佩的唯一的一位老师,后来也发现可能是个同性恋者,而且还用"一个不成熟男子的标志是他愿意为某种事业英勇地死去,一个成熟男子的标志是他愿意为某种事业卑贱地活着"那一套虚伪说教来教导他,使他"甚至连谈都不愿意谈",并像个疯子式地逃离。足可见霍尔顿思想上的纯真,也让我感到做一个真人的畅快淋漓。

我更加喜欢霍尔顿批判式看待生活的真诚态度以及在真诚无法得到正确解读后的哲学式反思。他对妹妹菲苾说,他将来要当一名"麦田里的守望者","有那么一群小孩子在一大块麦田里做游戏。几千几万个小孩子,附近没有一个人——没有一个大人,我是说——除了我。我呢,就在那混账的悬崖边。我的职务是在那儿守望,要是有哪个孩子往悬崖边奔来,我就把他捉住——我是说孩子们都在狂奔,也不知道自己是在往哪儿跑。我得从什么地方出来,把他们捉住。我整天就干这样的事。我只想当个麦田里的守望者"。整篇文章里叙述的情节,似乎都在为霍尔顿这句话做铺垫。

做个"麦田里的守望者",尽管这是因学习成绩不好被学校开除后的孩子想到的一条心灵退路,可恰恰就是这样一个淳朴的理想,在提醒我们教育工作者,我们的事业和职责就是做个没有功利的"麦田里的守望者"。

塞林格的小说在主流社会从被禁止到被广泛认可,说明进入多元包容的社会,人的思想观念也在进步,教育也在进步。

回到中职教育,我希望实现包容的、多元的教育理想。

其一,我们要反思过去对待学生的教育方式。建议我们的老师好好阅读塞林格的这部小说,研究作为出生在中产阶级家庭的主人公的行为表现与心理特点与现在独生子女的问题的相似之处。之后,我们会发现,对职校学生中普遍存在的问题,诸如无心上学、逃课、喜欢异性、打架等等,能以更加理性的态度去看待,以多元的方式开展教育。除了批评、责备、适当的惩罚,我们会更多地站在他们的立场尊重他们的想法,并且去想"为什么""怎么办",会开始了解他们的交往群体、他们的家庭背景,他们的成长经历。这样的话,或许我们可以更容易走近孩子,走进孩子的心灵,更容易让孩子接纳我们,从而接受我们的提醒和教育。

其二,我们要反思我们的课堂教学有没有出现问题。霍尔顿有击剑的特长,也许还是个溜冰的好手。按照多元智能的理论,假如学校里能给霍尔顿这类学生更多发挥他的天赋,而不是纠缠他的学习成绩,我想我们的孩子还有什么理由会逃学?还有什么理由会讨厌学校、讨厌老师,甚至讨厌同学?因此,专业的课程改革和活动课程改革势在必行、迫在眉睫。上学生能听懂、听明白的课,组织学生喜欢的活动,这是我们教师和学校责无旁贷的事情。当一些孩子跑到我跟前要求要参加足球项目选修课学习而不愿意学习专业理论选修课时,我很感慨,不是我们的学生没有学习兴趣,而是我们的课堂教学出了问题。我们的教学当然不能天天都上足球课,但是我们的专业理论课和文化基础课能否摆脱冷冰冰的面孔,以孩子们够用、适用为基础,进行适当的课程内容和教学方式的改革,吸引学生的学习兴趣;在课外活动的开设上,更多地考虑孩子们的兴趣特长的发展,在掌握特长和技能的同时,让学生感到校园活动的充实,对自身价值的认同感也得到提高。

以多元课程的魅力彰显职校学习的价值,我想这是解决中职学校学生教育问题的关键一步。

(本文撰写于 2011 年 11 月。)

感悟《给教师的建议》

一 读《给教师的建议》

当前我们的一些德育观念和行为还存在比较多的盲点和偏差,如何形成正确的德育观,以此形成引领我们的行动,这是我们每个德育工作者都要思考和解决的问题。读苏霍姆林斯基《给教师的建议》,大师的谆谆教诲,如潺潺流水般经过心头,积留下深深的启迪,领悟到新课程下坚守这些传统教育观对德育的价值所在。

二 感悟和反思

(一)要拥有爱心

教育者之天职,就是爱学生。苏霍姆林斯基说:"所谓要关心儿童的生活和健康,关心他的利益和幸福,关心他的完满的精神生活,这首先是意味着要爱护儿童对你的信任这朵娇嫩的花儿。儿童信任你,因为你是教师、导师和人性的榜样。你必须严格地、坚持地关心儿童,毫不妥协地反对我们的教育工作中那种对儿童漠不关心、冷酷无情的现象。"

从现代意义上来讲,"爱学生"是教师人格的灵魂,也是师德的核心。在教育工作中,教师所有教育行为都应该是出于关爱学生,出于学生健康成长的目的,有责任心的教育者对这一点也是认同的。但是,尽管教育者有着良好的出发点,可有些教师却喜欢凭借自己拥有的教育权或成年人的权威压制学生,例如为起到罚一儆百之效,体罚或变相体罚学生,大声训斥、挖苦、讽刺有错误的孩子,动不动就把迟到、开小差或者有扰乱课堂行为的孩子排斥在课室之外,让那些刚刚形成独立人格感的孩子产生压抑、抵触的情绪甚至逆反、抵抗的行为。问题是这样的措施带来的却是师生间如同猫鼠争斗的无穷尽的恶性循环。当然,还有一种情形,由于溺爱孩子,对孩子的错误行为不加以及时制止、教育,放纵孩子的行为,这种教育行为普遍存在于家庭教育中。以上两种情形都是"爱之不当变成害"的表现。苏霍姆林斯基告诫教育者:不能让儿童那种"成为一个好人"的愿望的火花熄灭。所以,在观念上,我们首先应该意识到,即使是那些被自己认为"一无是处""无可救药"的学生,其心灵深处或多或少也有美好的道德的萌芽。试着从另一个角度来看,假如那是你的孩子,你会这样待他吗?正是出于这样的原因,我们教育者的确应该懂得爱的方法。

如何爱学生?爱学生,首先就是爱护学生的人格和尊严。作为成年人同时也是教育者,我们理应懂得人格和自尊对一个人的极端重要性。换位思考,当你在公众场合遭到别人训斥、讽刺的时候,你的自然反应是什么,你就能体会到学生被讽刺、责骂时的心情。所以,在孩子犯了错误的情况下,我们应该要在适当的时间、适当的地点以适当的方式做出适当的批评。这是教育者掌握的最起码的批评原则。爱学生,就应该了解每个孩子想什么,他们需要什么,我们能给他们什么,怎么用他们乐于接受的方式帮助他们;孩子犯了错误,我们在惩罚孩子前应主动去了解孩子为什么会犯错误,指导或者引导他自己主动改正错误。爱学生,还要学会与学生进行心灵对话,在你走进孩子心灵的同时,也让孩子走进你的心灵。

苏霍姆林斯基在其另外一本著作《帕甫雷什中学》中说的好:“一个好教师意味着什么?首先意味着他是这样的人,他热爱孩子,感到跟孩子交往是一种乐趣,相信每个孩子都能成为一个好人,善于跟他们交朋友,关心孩子的快乐与悲伤,了解孩子的心灵,时刻都不忘记自己也曾经是个孩子。”我想这应该就是教育之大爱,也是一种理想、和谐的师生关系。

(二)再认识“严”与“宽”的关系

苏霍姆林斯基说:“要进行教育,首先是要关心地、深思熟虑地、谨慎小心地触及青年的心灵。”按照我的理解,教育要触及学生的心灵,大师给我们提出一个药方:教师做到了严而有格,严而有情,严而有方,严而有宽。对于教育,严格是必须的,但如果严格要求学生只停留在说服教育上,学生会认为你是唠叨。如果教师一个无声的眼神,一个手势,一下抚摸,或者是指一指、拍一拍,也会达到严格要求的教育目的。作为教育者,我们要清楚自己的教育行为的尺度,不仅要正确把握爱的尺度,也要正确认识和处理严与宽的关系。首先,我们应该正确认识严与宽的深刻内涵。传统教育认为,严师出高徒,是有一定道理的,但是我们绝不能把传统教育中的带有体罚、变相体罚性质的糟粕方式作为手中的武器惩罚学生。“严”绝不是凶、恶的代名词。我们教育者如果将“严”理解为以气势汹汹、以势压人,那就会让师生关系陷入一种非常危险的境地。

正确认识和把握严的尺度,就应该做到以社会和学校规范严格要求学生;对犯有严重错误行为的学生要予以指正和批评;不是随心所欲、感情用事而是严谨约束自身的行为以影响学生,以己的正气在学生中树立楷模示范的作用。这才是“严”应有之义。

另外,要触及学生的心灵,还要做到“宽”。按照我的理解就是,教育者要懂得“成年人也会犯错误甚至是屡犯同样的错误,更何况未成年人”的道理,对孩子屡屡犯错误内心要学会宽容;应以“有容乃大”的胸怀,宽厚、大度面对学生对自己权威的质疑甚至是挑衅;在教育孩子的过程中要善于营造宽松、和谐的教育氛围,而不是充满火药味的对抗。

因此,教师做到了严而有格,严而有情,严而有方,严而有宽,就容易触及学生的心灵了。

(三)教育语言直白的艺术与教育的潜移默化

苏霍姆林斯基说:“当学习困难的儿童跟能力较强的儿童在一起上课学习的时候,需要对他们加以特别的关心和有耐心。不要有一句话,不要有一个手势使得儿童感到教师已经对他的前途失掉了信心。在每一节课上,每一个学习困难的儿童都应当在认识的道路上迈出哪怕是最不显著的一步,都要取得一点点成绩。”大师给我们教育者的启迪是,要善用教育语言教化学生,给学习有困难或行为有问题的学生更多的鼓励和肯定,以激起他们哪怕是仅存的一点点渴望进步、成功的欲望和激动。

大师告诉我们,教师在与学生对话中,教育语言如果过于直白而缺乏智慧,就容易挫伤学生的自尊心甚至是人格。的确,在教育过程中,教师如果能够注重语言艺术,教育的效果是明显有效的。小学语文的课本里有一篇《语言的魅力》的课文,说的是在繁华的巴黎大街上,一位衣衫褴褛的盲老人在行乞,老人的身边有一块牌子,上面写着“我什么也看不见”。开始人们根本无视这个老人的存在,后来恰好法国大诗人让·彼浩勒经过,看到这一幕后,他在老人的乞讨牌前添上“春天到了,可是”几个字后,人们纷纷慷慨解囊。不同的语言会产生不同的结果,美好的语言可以在人与人之间织出爱的纽带。这个故事让我们感受到了语言的巨大力量。在教育孩子的时候,我们是否可以多用充满了温情的语气、鼓励的话语、鞭策的口吻来说服教育学生,让学生通过你的话语感受到你的爱护、关心、期盼之情,这样的教育离成功就不远了。

为了让我们的语言更加富有智慧,作为教师在拓宽自身知识面的基础上,我觉得更重要的还是在于教师本身个人修养的历练和良好道德素质的提高。正所谓“良言一句三春暖,恶语伤人六月寒”。只有个人修养提高了,才能防止我们不自觉地把自己的不良情绪带给教育的对象;只有个人道德水平的提高,我们才能时刻提醒自己“己所不欲、勿施于人”,从而做到自省、自律。

我想,教育要有智慧,既要讲究语言上的直白艺术,还要懂得教育的潜移默化,两者缺一不可。在与孩子交往中,教师要善于运用自身的榜样和示范作用,让孩子在潜移默化中感受更深层次教育的力量,从而产生“此时无声胜有声”的教育效果。其实,在平时的工作中,教师的敬业精神、责任心、正义感、公正公平地分析问题和处理问题等这些因素的影响,都会让孩子产生共鸣,从而引发教育效果。

(四)读书,读书,再读书

大师说:“关于学校教学大纲的知识对于教师来说,应当只是他的知识视野中的起码常识。只有当教师的知识视野比学校教学大纲宽广的时候,教师才能成为教育过程的真正的能手、艺术家和诗人。”他还说:“读书,读书,再读书,——教师的教育素养的这个方面正是取决于此。”这不正是希望每个教育者要不断更新自己,树立终身学习的理念吗?在新课程下,教和学这对矛盾,既指教与学的实践,也指教师和学生作为实践主体的互相促进、相互成长的过程。我们在关注学生成长的同时,切不可忽略自身的成长。从另一个层面来说,教师应该通过自身的成长推动学生的成长。

我们正处在一个开放的、急速发展的时代,知识深度不断增加,广度不断扩大,知识更新的速度不断加快,而我们获得知识和信息的渠道透过互联网变得更加畅通无阻,终身学习的理念渐获社会认同。教师要跟上时代的发展和青少年学生的思想步伐,就需要通过不断的学习提高自己,防止知识老化。否则,在学生面前的无知只能让我们的教育苍白无力,我们的教育也难以获得学生的认同。因此,教学相长就需要教师与学生共同成长、共同进步,使我们的思想、教育方式更加贴近现代学生的思想实际。

教师要成长,关键是要学习现代教育教学理论、更新教育教学观念,把自己专业上的每一次进步不断融入教学实践中。教师还要掌握现代信息技术,不断提高学科教学和信息技术的整合能力,让孩子在愉快学习知识、获得知识的同时,对教师的教学产生敬佩感,从而提高教学的效果。教师还应该善于把课余所读书本知识、通过各种渠道获取的积极、有价值的信息、自己的生活经历经验渗透在德育工作中,与学生一起分享自己对人生的认知和感悟,让学生与自己一同成长,构建亦师亦友的新型师生关系。

(本文撰写于2007年,获黄埔区教育系统读书征文一等奖。)

“正面教育”是一剂改善教育“疗效”的良方

初识正面教育

2016年7月中旬，顶着烈日，带着暑假初期工作倦怠的心情，我在高广方工作室接受了正面教育学校讲师认证班的培训。刚刚接触正面教育，就被“正面”两个字深深吸引了，也是带着这样的心情，我希望，在职业教育的天空里，用积极而正面的方式，为孩子们寻找那个他当初曾经美好的自己——那个追求优越、有信心、肯努力，愿面对的人；为孩子们的未来描绘幸福成长的蓝天——正面教育能够在职校校园开花结果。

培训的第一课，我开始感受到并基本接纳了正面教育的核心理念的魅力：和善而坚定、不惩罚不娇纵、错误是学习的最好时机、当孩子们感觉好时他们才能做得更好、行为不当的孩子是丧失信心的孩子……值得我们深刻学习与领悟的观念，不断冲击了我们内心固有的思维定式和原有的价值观，让我们更深刻感受到正面教育不仅仅是一种新的理念，它分明就是这样一剂教育“良方”——是我们目前包括家庭与学校在内的整个社会教育理论上普遍提倡但在实践中又普遍缺失的“以人为本”的真正体现，是我一直在寻找的构建良好教育方式的密匙。

“遇上”阿德勒

因为正面教育，让我带着积极的情绪走进阿德勒的思想世界去认识正面教育。在奥地利个体心理学家阿德勒《儿童的人格教育》一书中，我终于找到了当代中国教育普遍提出的“追求卓越”教育理念的出处，是这位伟大的心理学家提出来的观点。书中，阿德勒强调：教育学的根基，就是对人性的理解。他认为，人格是由社会决定的，个体行为的动力是自卑感，因而他提出了“自卑而超越”的教育思想的观点。他认为，我们之所以追求优越感，追求完美，就是因为我们本身不优越，不完美，因而需要奋然追求优越感。他在书中反复强调了人们追求优越感必须在社会中向着富有成就和有利于社会利益的方向进行的观点，他说，在社会生活中，人们会寻求归属感和价值感。从一个侧面反映出这样一个事实：不管是阿德勒的个体心理学，还是正面教育核心理论，恰恰与我们倡导的社会主义核心价值观有着共同的价值追求。而在亲身参与培训的过程中，我的这种感悟进一步得到了验证。

可以说，因为正面教育，我认识了阿德勒的个体心理学，因为个体心理学我更进一步理解阿德勒“自卑而超越”的教育思想是如何在生活中实现的。也因为正面教育的培训实践活动，让我能够懂得将所学思想理论运用到日常工作和生活中去，让更多的孩子、同伴、亲人受益。

三 在不断完善中的实践与领悟

培训三天的时间,高级培训导师 Dina Emser、双语导师 Wendy、我们的助教导师 Echo 高老师给我们带来了“飞”一般的教育现场教学活动。

第一是完善“带导”的内涵认知:对“带导”的重新认识。开始我以为 Facilitator(带导者)就是讲师而已,与教师没啥区别,后来,我们才慢慢发现,我们的 Facilitator 不仅是讲师、导师、设计师……更是朋友、同伴、伙伴。在课堂里,我们真正实现了师生之间“共育”“共生”“共进”“共荣”的教育目标。

第二是修复对自身个性的认识:我的上方卡。活动中,导师给我们提出了一个问题,如果我们面对烦恼的时候,在“压力和痛苦”“拒绝和争吵”“无意义和无足轻重”“批评和嘲笑”当中我们最不愿意看到的选项是哪一项,并一一对应出:安逸型、取悦型、力争优秀型和控制型时,由于受到惯性思维的影响,自以为自己应该属于力争优秀型或者控制型的我,万万没有想到,居然是一位“取悦型”的选手。上方卡的活动,让我对自己的个性特点有了一种从未有过的认知。

第三是不断发挥自己上方卡的优势并认识完善自己的劣势。作为取悦型的我,优点是在工作与生活中我希望能照顾到每个人,想问题总希望尽善尽美、全面周到,为人宽厚、大度,工作行动力强。这个优点有利于带导中兼顾每个成员,使他们都能在培训过程中感受到被导师关注,从而保证学习的热情与投入。取悦型的人缺点就是想得太多,因此愿意表达自己的想法;太考虑别人(包括同事和领导)的想法,对一些原则性问题优柔寡断,因为太过于善良和相信别人容易被人伤害。这些缺点对带导会产生诸如控制不住场面,每个环节活动时间预估不足,并因此导致时间大大延长,影响培训进度与效果,等等。为此,我们应该多让自己注意原则性,在一些节奏控制上应把握全局和系统,不要过于关注某个细节,并掌握好带导的节奏。

第四是全面认识错误目的表对我开展带导的意义。带导培训是一项富有挑战性的工作,它的各项培训环节既严谨科学,也富有实践性和创造性,非常适合学校教育者在课堂上进行教学运用。其中的“错误目的表”就是通过带导活动了解某一行为背后的信念或者目的,从而更好地为学生提供帮助,并让他自己尽力做到最好。作为刚刚入门的认证教师,我准备按照教材里的 THTPSS(教师互助解决问题的步骤)的步骤一步一步完成。

第五是我的带导实践。我为学校附属幼儿园全体教师做一期教师培训,并严格按照正面教育的技术开展带导,期望通过我在认证班掌握各种带导活动,一方面让教师们熟悉了解正面教育的核心思想,另一方面让教师们对幼儿产生同理心,让她们中的那些年轻、刚毕业的幼师能更好地与幼儿相处,更重要的是使她们掌握一些正面教育的技术去开展班会活动,从而更好地实现幼儿园办学目标。

第六是在 THTPSS 操练中的感受。THTPSS 操练是我在整个学校讲师认证中印象最为深刻的一个活动。操练中,我不断变换自己的角色,从中更好地用同理心去体验不同对象在不同身份与不同环境中的情绪与感受,从而让我更为深刻地理解了正面教育的核心:不惩罚不娇纵、和善与坚定在教育中的意义与价值。我期望经过不断地实践操练,我能够帮助更多的人认识正面教育并从中受益。

正面教育,是它让我在经历了将近30年的教育生涯,从激情到迷茫之后找到的点点渔火与亮光,是一剂改善教育“疗效”的良方,是我有了信心重新出发去寻找更好的自己的动力源。

(本文撰写于2016年7月。)

“遇见”阿德勒

因为高广方老师，我知道了“正面教育”。因为阿德勒，我认识了“正面教育”，因为正面教育的培训活动，我理解了“正面教育”，让从教将近30年的我，在迷茫的教育路上，仿佛找到了一盏明灯。也因此，“正面”两个字深深吸引了我，也是带着这样的期盼，我开始接触正面教育导师们的书籍。接触阿德勒的书以及阿德勒的思想，让我内心受到了深深的震撼与激励。

奥地利个体心理学家阿德勒《儿童的人格教育》是我读的第一本个体心理学书籍，也是正面教育协会推荐的书目之一。书中，阿德勒用深沉、和善和爱的语言以及大量的个案来阐释他的思想，像个长者那样娓娓道来，让我在阅读中深受感染。书中，阿德勒强调：教育学的根基，就是对人性的理解。他认为，人格是由社会决定的，个体行为的动力是自卑感，因而他提出了“自卑而超越”的教育思想的观点。他认为，我们之所以追求优越感，追求完美，就是因为我们本身不优越，不完美，因而需要奋然追求优越感，人类的行为是朝着或尽力朝着获得归属感与价值感的努力。他说：个体这种“止于至善”的优越感追求，不仅不能脱离社会，而且还是以社会为取向，为标准，否则就是病态，就是人格适应障碍。为了实现他的教育思想，他花费了自己大量时间为维也纳的民众做心理咨询服务，也更进一步实践着他在书中反复强调的“人们追求优越感必须在社会中向着富有成就和有利于社会利益的方向进行”的思想。

书中，阿德勒提出对儿童教育的几个目标，就是要发展儿童积极的自我观、困难观、他人观和异性观，只有积极的发展观，才能更好地让儿童成为他自己，而学校的惩罚，只会加剧儿童对学校的恐惧，并认为学校不是他的理想之所。所以，阿德勒认为：“学校教育是介于家庭与社会之间、孩子成长与纠正家庭教育失误的关键场所。”通过这一系列观点，作为教师我更加深刻地认识到学校教育的方式对孩子的健康成长意味着什么。也越发让我更愿意去了解正面教育思想的深刻内涵与它蕴含的诸多技术方式，让正面教育的技术能够通过我们认证讲师惠及更多的人，去改变更多的家庭，从而实现和谐的社会。

在谈到学校教育时，阿德勒特别反对儿童智力发展的命中注定和特殊遗传的说辞。他认为，教师和学生都能破除这个迷信观念，所谓能力遗传是儿童教育中最大的谬误，而且容易被父母、教师和孩子当成“替罪羊”，因此，他旗帜鲜明地提出：没有不可救药的孩子，我们总可以找到方法来帮助这类孩子。即便是在最糟糕的情况下，也总会有解决之道。他还提出，贫困家庭的孩子，一般在学校都有呆笨的名声，其原因是他们对于学校缺乏准备性。

阿德勒从对儿童人格的分析，追求优越感的引导，到如何防止儿童自卑情结，家庭中儿童的心理处境和矫正，学校、外在环境对儿童成长的影响，青春期和性教育以及大量的案例等方面全方位展示了他的个体心理学思想，剖析了如何超越自卑追求优越，如何和善又坚定。

可以说,因为正面教育,我认识了阿德勒的个体心理学,因为个体心理学我更进一步理解阿德勒“自卑而超越”的教育思想是如何在生活中实现的。

我相信,阿德勒的教育思想与正面教育的核心理念、价值观,将会开启我教育生命的第二个春天。

(本文撰写于 2016 年 7 月。)

来自一群活泼好动孩子的挑战

——记一次正面教育实验课

五四青年节，是一个值得回味和珍视的日子，不仅仅因为我也是青年人，更因为我能够在这个特别的日子里为孩子们奉献自己所学，为孩子们做点实实在在的事情。

当我在温校长的陪伴下走进新港小学四年级一班课室的时候，孩子们一边用好奇的眼光看着我，一边连珠炮似的发问“你是谁，你叫什么名字，你从哪里来，你来干什么……”我连忙说，我姓林，大家叫我林老师，我今天来是给大家上一堂思品课。令我意想不到的是，孩子们用热烈的掌声来欢迎我的到来，我赶紧正面教育起来“谢谢大家给我的鼓励，我感到很愉快，因为大家用这个热烈的掌声来欢迎我。谢谢大家”。我想，这帮孩子真活泼聪明。

因为这个班从来没有上过正面教育课，所以，我决定从围圈开始，再开始我的实验课：3R1H 班会课。“孩子们，上课，孩子们好！”“老师好！”“今天我们要用一个特别的方式来上一堂与众不同的课，大家知道什么叫围圈吗？”“围圈有什么好处？”“怎么样我们才能快速、安静、安全地围圈？”在这个阶段，我的课堂秩序还算井然。

挑战开始了。当我说“那现在就按照我们刚才头脑风暴的建议开始围圈”后，好家伙，这一下子一发不可收拾，整个课室热闹非凡：叽叽喳喳的声音、沉重的课桌和椅子（桌椅质量真心不错）碰撞的声音、将近 50 个孩子的活动声，整个课室简直可以用“混乱”来形容，我当时整个脑袋混乱不已。时间一分一秒地过去，我问帮忙计时的班主任，时间多久了，已经六分钟了。看到孩子们椅子里三层外三层的摆放，沉沉的书包放在椅子背后，我灵机一动，大声告诉他们“请孩子们暂停活动，坐在自己的位置上”一下子安静下来。我问“孩子们，书包放在椅子上你们坐着舒服吗？”“刚才的活动发生了什么？课室里这样的状况你有什么感受？”“我们怎么样才能让不在第一个圈子里的同学都坐在圈子里？”随着问题一个一个地抛出，孩子们大脑不断地跟着我的节拍讨论、思考，“我们不够团结、一片混乱、没有统一指挥、没有秩序、听到吵闹我感到很烦……”最后我们把部分桌子移到走廊，在不断地分享中按照流程逐渐把圈围了起来，并彼此分享了对这个活动的收获和感受，尽管我们用了将近半个小时的时间来“围圈”。而在课程结束前，以同样的流程，只用了短短 5 分钟时间，孩子们就把桌椅复位了。孩子们在一片欢呼声中，我们结束了课程。

这 30 分钟的班会课，给我带来了很大的启发。其一，学会理解并用好“尊重”。不仅是要尊重别人，尊重自己，还有尊重情形。每个孩子都是特别的，每个班级也都是特别的，独一无二的。所以，我们上正面教育班会课的时候，尽管上的都是一样的课题，但是面对不同的学生、不同的班级、不同的学校，肯定会有不同的挑战。这个时候，我们要学会让自己的心安静下来，接纳和尊重情形，并以流程为基础根据当下的状况做一些适当的调整。其二，我们开始在班级做正面教育，肯定会有一段时间的混乱，如同我的这堂班会课。但是，它带给孩子们的思考力、表达力和感悟力，以及经过一段时间练习后孩子们的行为上的改进，是让我作为一个教师真切地感受到的。所以，正面教育贵在行动、贵在坚持、贵在持续地用不同的工具来应对一个个来自班级孩子们的挑战。

我想，我们对教育执着追求，为的是培养孩子们终身受益的品质。

（本文撰写于2018年5月。）

学到与做到

——兼谈正面教育的“行大于言”

2018年4月的一个下午,尽管天空有点阴沉,但春天的气息依然浓重,区继续教育摄影基础培训课程依然火热进行着。这不,在麓湖公园边上的人工小瀑布旁,短短一个小时,教师边讲、学员边练,大家迅速学会了如何用慢速快门摄影技术拍出丝绸奶油般瀑布水流效果。当全体学员准确无误地把丝绸奶油般的瀑布拍出来之后,全场欢欣雀跃。在过去对我们而言遥不可及的画面突然由自己创作出来,不仅仅心里有满满的成就感,内心的幸福愉悦也是不言而喻的。

这让我不得不联想到正面教育里的“行大于言”。

作为一名教育工作者或者是家长,我们常常纠结于孩子的行为问题。课堂上、家庭里,老师或者家长总是认为,我已经告诉过你,你也知道了,为什么就不能做到。原来,学到和做到真的是两码事。学到未必能做到,学到可能仅仅是学到,至于做到,就不是那么容易了。学到与做到虽然仅仅一字之差,但差之毫厘,谬以千里。例如,老师课堂里教给学生的文明礼貌等行为养成知识,老师说到了,学生可能也学到了,但做到,却很难。

那么,我们可以怎样突破教育的困境?这里,正面教育的“行大于言”给我很深刻的启发。它首先就是要求我们教师和家长的言传身教,尤其是身教。“言大于行,其感不深,行大于言,其应必速。”很多时候,在学校、在家里,孩子总是按照老师或家长做的做,而不是按照老师说的去做。如果我们不能很好地给孩子做行动上的榜样,只是口头上说说而已,的确是让孩子知道了,但学到的目标能否达到自然是不可知的,更遑论让孩子做到了。所以,成年人要以自己的良好行为教给孩子知识,教给孩子素养,而不是告诉孩子知识,告诉孩子素养。因此,在教育上,成年人懂得“行大于言”真的很重要。

行大于言,还有学做合一的内涵在里面。所谓言行一致,不仅仅是说我们所有人都要言行一致,也包含了“学做合一、理论与实践相结合”的道理。也就是说我们要容许孩子犯错,因为错误是孩子学习的极佳机会;我们还要容许孩子多在实践中去试错,去摸索、感悟、反思,孩子的经验和品质由此而来。回到这个摄影课,老师亲自做示范,手把手地教,学生每人按照老师给出的拍摄数据 iso100、快门 0.4、F22,学做合一地实现了成功的拍摄。这种活泼生动的实践,学生不仅学到了,还做到了;不仅收获了知识,还收获了满满的价值感。

如此说来,言与行、学到和做到的区别,你想到了吗?

(本文撰写于2018年4月。)

行走的力量

一直以为行走只是行走,却没想到这一“行”这一“走”始终有正面教育的相伴。两天正面教育智库年会,又给了我重新看待正面教育的新视角。

勇于跟自己说“不”。两天里,“对不起,刚才我无意中犯了个错误”不时从已经从事十几甚至二十年 PD 的高级导师们嘴边说出来。她们用自己的言行不断强化我们的意识:谁都会犯错,关键是从错误中学习并改进。

鼓励场文化如影随形。Dina Emser 和 Dodia Blomberg 两位高级导师带给我们一场鼓励文化的盛宴。从鼓励、勇气和气馁教育说起,到气馁和鼓励的两列表进而碰撞出“鼓励的技巧”,从鼓励的三种语言和倾听的三个层次,到保持好奇、不带评判的接纳,原来我们理解的鼓励远不止语言的技巧,它还是一种氛围、一种态度、一种能量、一个空间、一场精神的行走,这就是鼓舞人心的鼓励场文化。

新技能引领课程创新的再思考。帐篷圈、数字侦探、三百多人的带导活动、EHE 的活动反馈、分会场创建与走课制、阿德勒理念与课程新融合……一切一切都不断强化我们课程开发的意识,开拓我们创新课程的路径选择。

分享《中国国家地理》执行总编单之蔷先生所说的一句话“走,离开身份、地位、阶层、分工给你安排的位置;走,离开规矩、说教的约束;走,挣脱文化、关系的羁绊;走,摆脱速度、时间的纠缠……”

各位正面教育的伙伴们,来,让我们一起持续正面教育,来一场酣畅淋漓的精神之旅!

(本文撰写于 2018 年 4 月。)

致教师的一封信

在广东外语外贸大学附属河源外国语学校践行社会主义核心价值观、努力推动学生思想品德课程改革的过程中，我很欣慰地看到学校对如何开展思品教育，通过思品教育的课堂来做有效教学和有效德育有很多开创性的尝试。作为河源市首家引进美国正面教育理念融合到课程的学校，河源外国语学校把正面教育作为其中一个实施中的项目课程，要求每个老师都要把正面教育的理念深刻融合到每天的校园生活中。这样一种勇立潮头的办学思想、高标准的办学行为，已经在培养孩子良好品格方面初步显示其符合人的发展天性、改善孩子的行为和品格方面的作用，也冲击着老师们原有的传统教育观念。学校建立两年来各方面都有长足的发展，校长开阔的办学视野功不可没。

有好的教师，才会有好的教育，也才会有好的学校。作为一名教师，加强自身的思想、心理品质和班级管理方法的学习，成为一个人格健全的幸福老师，才能培育自己的仁爱之心，学会持续提高自身的教育能力和水平，也才有能力去坚定自己的理想信念和修炼自己的道德情操，这也是一个"好老师"应有之义。

一个人的成长或者说一个优秀教师的成长，不是一蹴而就的事，是长期实践、长期积累、长期磨炼的过程，而这个过程是一辈子的事情。这个过程中，学习一些实用的方法和技能可以帮助你少走一些弯路，少做一些无用功，更愉快地投入工作和生活中去，而学习正面教育则为你提供了这个机会。

期望你能从中受益，为成长为一个优秀的好老师做些准备。

（本文撰写于2019年7月，为河源外国语学校培训手册所作序。）

续写大写的"人"字

——李赤校长办学思想的再思考

2011年3月29日,教育局党委宣布了李赤校长离任的决定。得知这一消息,作为曾经跟李赤校长一起共事、并肩作战了一年的我来说,感慨万千,既替他高兴也为此感到难过。

李校长身体状况的确是令人担忧的。想起2009年9月,我刚到八十六中任职的那会儿,一场突如其来的"甲流"让大家高度紧张了好些日子。恰逢其时,李校长也不明原因一直低烧不退,还时常伴着咳嗽,后来发展到眼底经常性莫名出血,甚至还伴着其他不良的症状。整整一年的时间,他的低烧时好时坏,我们经常劝他,赶紧休息一下吧,不要上课了,可是他依然执拗于自己的工作,丝毫没有让自己轻松下来。甚至去年中旬安排工作,班子成员和年级都极力请求他不要带高三,但他固执地坚持自己的原则。他认为,自己从高一带上来的学生自己要负责到底,不能给别人添麻烦。就是带着这样的身体状态,他一直这样运转,甚至大年初一,他仍然回到学校进行安全巡视。对他来说,一天不退下来,他一天依然不放松自己对校长职责的坚守。所以,从遵循人的身体规律这个角度出发,教育局领导能让李校长退下来,对改善他的身体状况是一件好事情。这是我替他高兴的。

难过的是:作为黄埔教育系统里的这样一位难得的好校长,有自己的教育思想,有扎实的工作作风,有勤勉的敬业精神,始终充满激情坚守教育教学的领头人,正如张局那样一点不为过的高度评价:他是我们黄埔教育战线一张亮丽的名片、一面醒目的旗帜、一笔宝贵的财富。"温良恭俭,仁厚勤勉,春风化雨,润物无声;有赤子的情怀,有仁人的风采,有学者的风范,有师道的尊严"的"李赤风格"……就是这样的一个好校长,他的离任于黄埔教育战线而言是个巨大损失,为此我感到难过。

到八十六中时间只有一年,说长不长,说短不短,点点滴滴涌上心头,而令人难忘的几个画面仍然深深萦绕在我的脑海里挥之不去。

一种尊重厚爱。想起我2009年刚到任的时候,在班子的分工问题上,李赤校长让我先对八十六中的管理文化有一个熟悉的过程后才考虑工作的安排。不久,李校长与我面谈交流与分析,他照顾我初来乍到的情况,并充分尊重我的意见,安排适合我的分管工作,使我从精神上很快适应了八十六中快速的工作节奏和严谨的工作氛围。虽然每天在八十六中工作很紧张,自己分管的工作很烦琐,但是在行政团队的帮助和支持下,我却感受到了无比的充实感,享受到了工作的愉快和幸福。

一次难忘的对话。2009学年新学年开学没多久,一切都忙而有序,但是偏偏在1、2周的升旗仪式上,学生主持因为心理紧张连续出了状况。为此,我忍不住向李校长建议更换主持人,让德育主任担任主持人,一来可以增强仪式的严肃性,二来可以减少环节,节省时间。李校长听了,相当坚定地婉拒了我的提议,他很严肃地告诉我:我们的学校倡导充分尊重学生发展,强调对学生"自主选择、主体创造"的教育方式,学生的事情多让学生去做,是对学生最大的锻炼。当时我觉得不理解，让老师主持升旗仪式增强严肃性不是更能够激发学生的爱国主义情感吗？这次对话，虽然有想法，但是我却打消了让老师主持的念头，在如何培育学生主持风格上想办法去改善局面，也收到了良好的效果。实践证明，李赤校长的坚持源于他对教育的坚持，源于他对学生发展的深切关注，这件小事既让我真真切切理解李校长倡导的"做人教育"的学校文化深刻内涵，也教育了我，尊重一所学校已然形成的厚重的文化传统，对一个新人来说是非常重要的。

一份淡定从容。去年年初，学生宿舍发生了一件不愉快的事情，因为学生间的纠纷，发生了一起学生因伤害住院的事件。家长为此纷纷扰扰，争执不休，并提出金额较大的赔偿。争执之下，德育工作面临了巨大的压力。当时由于我的经验不足造成处理不当，学校陷于被动应付的局面。李赤校长自始至终保持淡定、冷静的处事态度。他不仅没有说过一句重话，反而安慰我，并提醒我处理事情要注意方式方法，解决纠纷要想得更加细致妥善。他与我们一起开会研究处理办法，与我们一起到医院探望受伤的学生。那段日子，是李赤校长像精神支柱一样给了我克服困难的勇气与信心。那段时间，受伤学生的家长不断诉求让学校给他的孩子照顾进高二的重点班。答应家长不合理的要求在当时来说也许可以息事宁人，但是在原则面前，李赤校长态度鲜明地婉拒了家长的请求。他认为，分数面前人人平等，如果学校为此开了先例，退守办学原则，学校的办学质量就会受到影响。八十六中能发展到今天，就是因为"该坚持的必须坚持"。事情虽然过去将近一年，可是李赤校长临危不乱、淡定从容的大将气度，对下属的充分尊重与信任，让我至今难忘。

定格于三段画面，回味其中，令人深思。我对李赤校长的办学思想谈谈自己一些肤浅的认识。

我觉得，李赤校长营造的是一种"懂人、识人、提升人"的办学文化。

在李赤校长看来，当教师是一种事业，是一辈子的事情；当校长是职务，是阶段性的事情。校长的工作就是搭建平台，为师生提供方向引领，提供精神动力和成长的机会。

文化因人而异，人因文化而雅。"追求卓越，崇尚务实，自强不息"是八十六中的办学灵魂，塑造了一大批博学厚德、阳光活泼、积极上进的教师，也培养了一批又一批不断成长起来的莘莘学子。在八十六中，你感觉不到有闲人，大家都在忙着自己的工作，完成自己的职责，没有闲人就没有闲事，更加没有闲话。在这里，我不得不提董晓忠副校长和韦忠平主任。作为一个外来干部，他们没有任何排外的心态，而是用真诚和包容的心态支持和帮助我开展工作，使我能尽快适应新环境之余，开展工作也得心应手且游刃有余。我想，这是李赤校长倡导的"懂人、识人、提升人"办学文化对每个人的影响的结果。在这样的办学氛围里，在这样的环境下，你想不优秀都难。

李赤校长的办学文化，充满着对学生成长的关注。在李赤校长看来，教师和学生的成长才是学校成功的标志。

如何认识李赤校长"懂人、识人、提升人"的办学文化，我认为有以下五点：

其一，李校长的办学思想深刻地体现了教育的本质。他积极倡导"先做人，后做事；用做人，促做事；为做人，而做事"。学会在做事中学做人。他认为，教育的首要任务就是提升人的精神境界，学会如何做人。在这个繁杂浮躁的年代，在功利化的追求下，很多时候，我们在教育最本质的意义里恰恰最容易迷失自己。这也是李赤校长和八十六中过去、现在和将来仍然在孜孜不倦探讨、思考和实践的教育问题。

其二,李赤校长的办学思想体现了对教育规律的充分尊重。在他看来,教育是有规律的社会活动。所以,虽然高中的学习很紧张,他却极力倡导早上推迟至8:10分上课,让孩子们有充分休息的时间,有充沛的精力去有效面对一天下来沉重的学习负担。他多年坚持教师和学生每天锻炼一小时活动……在他看来,办学就必须尊重规律,自觉按人的规律和教学规律办事。如果掺杂渗透过多的杂质,做一些不切实际的事情,不仅有违"追求卓越,崇尚务实,自强不息"的办学思想,很不容易建立起来的办学威信也会遗失殆尽。

其三,他坚持教育要适应时代进步的步伐。他时常关注社会对人的素质、品格和人格的要求,在自己学习提高的同时也通过各种途径与大家一起分享学习的成果:每两周一次的行政例会,教师们集体参与的每两周一次的政治学习,他组织大家学习先进的理论,并让资深教师轮流担任主讲,使教师始终保持严谨的工作状态。他经常带领大家进行课题研究与开发,始终站在教科研的第一线,2009年,他引领的课题"做人教育的方法与策略研究"获广东省教育科学规划课题立项。

其四,他对师生精神生活的高度重视。在李校长看来,师生精神生活缺失、梦想失落,工作与学习的激情肯定会枯竭。所以,作为校长,他对每个师生的发展都抱有最大限度的期待。这种期待不是盲目的,而是建立在充分的尊重、信任、支持的基础上。在教师成长上,"师徒结对制度""青年教师基本功大赛",学校每学期举办一期培训班,省内名校以及国内名校,都留下了教师们的足迹,旨在帮助教师岗位成才的"教师三年发展规划",每周三和周五的教师健身活动,至今活跃着的教师舞蹈队、羽毛球俱乐部、乒乓球俱乐部……通过一系列的积极向上的精神生活,唤起了教师教学的激情,提升了教师的幸福感和成就感,增添了课堂教学的魅力,也让教师自身获得长足的进步与提高。于学生而言,学生的成长导师制,学生社团建设,每个学期举办两期师生教学恳谈会,师生面对面交流思想和学习已成为工作的惯例……通过各项实践活动抓住了学生的"兴奋点",让他们在"起作用"中"受教育",在"做贡献"中"长知识",学生成为做人教育的主体及创造者,在不知不觉中完成了自己思想的升华。

其五,他对课堂教学的高度重视。在我的印象中,李校长的常规日子里基本与整天在外跑关系、参加各种各样的社会活动绝缘,他不会过分焦虑学校的发展,社会的认同以及政府的评价,而是全身心地聚焦课堂。只要在学校,每天的听课就是李赤校长雷打不动的规定动作。备课、上课、批改作业、听课、评课、参加每一次的市区教研活动,就是李校长的常规任务。在李赤校长看来,校长回归课堂,提高教育质量才不会成为一句空话。

概括起来,李赤校长办学思想深刻体现了办回归本质的教育、办遵循教育规律的教育、办尊重师生人格的教育、办注重师生发展、回归课堂的教育的办学原则。而这一切,又是通过李赤校长营造潜移默化、润物细无声的办学氛围去实现的、去实践的。我想,能否这样认为,一切真正的教育都是潜移默化、润物细无声的。

作为曾经与李赤校长一同奋斗过的伙伴,怎么样把李赤校长的办学思想融合到我们今后的工作中,对我们职校而言是至关重要的。我想,任何知识都将通过实践演化成人的素质和能力,或者说任何知识都与人的实践紧密联系着,脱离实践的知识是毫无意义的。而我们职业学校在融合知识、理论、技能的问题上有着得天独厚的优越条件。为此,在职校探索如何内涵式发展的路径上,如何引领帮助师生重塑自我,在融合知识、理论、技能的问题上找到突破口,是我一直在思考和力图改变的现实。因此,工作实践中,把李赤校长办学思想中"懂人、识人、提升人"办学文化融合生成于职校管理之中,是我已经在思考和正在实践的事情。我想,职校在续写大写的"人"字的教育上,还有较长的路要走。但是我坚信,意志比知识更重要,努力比基础更重要,信心比优秀更重要。在教育局的正确指导和全校教职工的共同努力下,今后职校的路一定也会走得更加踏实,走得更加自信、从容。

(本文撰写于 2011 年 7 月。)

保卫社会　保卫自己

——读郑永年《保卫社会》有感

社会学告诉我们，社会是由一个个独立的个体组成的，从社会幸福感的构建来说，社会幸福也就是由每个个体的幸福构成。如果这个社会大部分成员的生活都是不幸福的，那就意味着这个社会整体的幸福指数也是很低的，这样的社会显然容易出现诸如社会动乱这样的大问题。

我猜想，郑永年先生以《保卫社会》作书名，蕴涵着"保卫自己"这一每个社会个体成员的本能需求的意味。

拜读了郑永年先生所著《保卫社会》，心中有言不得不发。

文中不少在目前看来具有穿越性质的言论与眼光，实质是中国目前社会的现状西方早已有之，也曾经给西方社会带来过阵痛。郑先生话语有先见之明，所言掷地有声，实属郑先生对西方社会政治经济学以及西方政治经济发展史有深刻的研究和认知，还有一颗为中国发展献计献策的热心肠，故而对中国经济、政治和社会问题分析一针见血、入木三分。

尽信书则不如无书。学习与阅读是为了更好地指导自己的工作与生活，因此我十分关注《保卫社会》中提出的几个问题、几条建议，从大社会与小社会的关系以及管理学的角度看，窃以为它对我们学校管理也有着重要的指导意义。

问题一："在一党制制度下，如何监督政府是最为根本也最为困难的事情。"（P18）

从大社会牵引出小社会，也势必有这样的问题。目前，学校实行校长负责制，在此机制下，如何保证校长使用权力的有效性和合法性，保证权力不被滥用，并对其权力进行有效监督也是一件颇为复杂的事情。以此类推，在我校实行大部制后的专业部或者是普通学校的年级，也同样存在这样的问题。因为传统上，国人很喜欢一个人说了算，或者是某几个人说了算。原因可能是想减少程序、避免麻烦，也有可能是其他原因，在此不一一而论。故才有了民众对上层决策者的不信任。在我国，按照国家文件的说法，学校治理结构是实行校长负责、党组织发挥政治核心作用、教职工代表大会和工会参与管理的运行机制。所以，为了避免民众的不信任，在学校日常事务中要充分发挥基层一线及中层管理者的作用，在重大问题的决策上发挥学校教职工或者教代会和党政联席会的作用，在专业部层级上还要充分发挥专业指导委员会在学术、科研和专业建设中的作用，保证民主政治生活组织原则——民主集中制的运行，显然是目前最可行的办法，也是防止从校长到各层级管理者个人独断专行和软弱涣散现象的有效方法。通过层层互相监督、互相协调，实现互相支持的局面，尽管这样做有时候会付出较多的管理成本。但为了维护学校这个小社会的公正、公平，似乎别无他法。同时，凡涉及学校重大的人事、财务和其他重大事项都保证校务公开，也是防止权力被滥用的法宝。

问题二："今天的中国社会对政府的信任危机让很多人不明白：为什么经济发展那么好，

社会还是那么不信任政府呢？如果意识到经济发展和社会破坏是同一过程的话，就不难理解了。”（P60）“各社会阶层应有平等政治参与权，保证他们正当利益的获得。”（P81）

郑永年先生认为，中产阶级和普通民众的利益要摆在国家最重要的位置来看待并加以解决。

从学校这个小社会来看，也面临着国家这个大社会的困局。目前我校人员结构颇为复杂，50%为在职教工，50%为临聘教工。大量的临聘人员的存在给学校管理带来了较大的压力，教职工也普遍存在较为矛盾的心理状态。这表现在，一方面，临聘教师为了多挣课时费要求多上课，另一方面，临聘人员不断强化与在编人员的比较，对自身低收入、高工作量又存有不满。从另一层面来看，在编教师也没有因为较高收入感到生活和工作的愉悦，不少教师对现状还是感到不满，甚至自感压抑。可以说，学校不少人内心是不幸福的。同时，过去十年，学校基本上没有引进专业课教师，不仅导致专业教师中在编人员大部分处于年龄、专业皆老化，而大部分临聘教师年龄和专业又偏弱的状态，由此导致学校干部队伍建设出现断层，人才荒让学校人才培养陷入尴尬的地步。为了解决矛盾，近年来局里多番争取为学校引进专业教师，但杯水车薪。

何时才能解开人员困局，用人机制是决定性环节，但是从目前这一机制的变革看来校长是难以确定的。

但不作为肯定是死路一条，关键是不要乱作为；不争取就没有任何希望，关键是要合法、合理争取。

目前我们积极根据广州市教育局关于教代会的最新规定，让临聘教师有更多平等参与学校决策的权利与机会。例如从2011年起，学校教工年度考核小组，我们民选了两名临聘教工代表进入领导小组参与决策。从今年起，学校将借教代会和工会换届改选的东风，让临聘人员中的优秀代表进入学校民主管理和监督的机构中来，平等参与学校的重大问题的决策。

问题三：“市场社会主义的核心就是人本主义。”（P23）“实际上，权力和学术问题很复杂，把权力全部下放到研究者和教员手里，也并不见得能解决问题。”“权力没有被用来改善培养人才的环境，而是被用来要求更多的权力或者经济利益。”“要改革就需要权力。问题是谁来行使权力。”（P238-239）

在郑先生看来，中国目前的问题中，解决人的问题最关键；在人才培养的问题上，郑先生认为权力的有效行使于人才培养有莫大的关系。

我想，学校管理也是一样，通过推动权力运行机制的改革，才能解决学校目前面临的人才成长的瓶颈，避免更多问题的衍生。

为此，从尊重职业教育规律和管理规律出发，基于人本主义原则，按照国家教育部颁发的《中等职业学校管理规程》的要求，从今年中旬开始，学校实行了大部制改革。在充分尊重专业发展规律、调动人积极性的大原则下，基于管理学中著名“二八定律”开展大部制改革，最大限度调动占专业教师比例20%的专业带头人的积极性。从专业定位看，根据各专业发展的方向重新划定专业群，由三位年轻、有事业心、有行政能力和专业能力较强的中层干部充实到三个专业群中任正部长，对原有的部长进行整合，采取民主集中原则推荐专业群副部长人选。根据责、权、利统一原则，把学校部分行政权力（包括实训设备需求、教师学习培训、技能鉴定工作等按照生均数和学期工作质量予以一定的支持)下移,职责和义务也随之下移(包括教学安排、课程构建、新专业开设、学术与教科研、顶岗实习安排、教师下企业实践等责任)。同时,建立专业建设指导委员会,对各项重大学术、科研项目拥有审核权。

通过新机制构建,把部分本该由专业部行使的权力交还给专业部,既能解决"有人没事干、有事没人干"的局面,也能够极大推动一些工作,包括课程建设、教材改革、教师下企业实践等过去不能够解决的问题。在专业部架构内,正部长要发挥行政经验丰富的优势,带好一班人,充分发挥现有人力资源的积极作用。改革后的各行政部门,则要更充分发挥服务、监督和评价作用,使行政工作从中层到专业一线基层形成"人人有事干、人人要干事、人人能干事"的局面,也初步解决了干部队伍梯队建设的问题,最大限度把人的工作积极性调动起来。

问题四:"短短数年间,房地产竟然成为中国的支柱产业。"(P67)"学校是个典型的地方,在这里人们竞争的应该是才智,但现在却变成了金钱的竞争。"(P247)

发展模式方向出了问题,社会问题的衍生也就不足为奇了。所以,从人才成长与发展的高度去思考,我们的办学究竟是为了什么?如果不好好思考这样的问题,办学模式出现方向性的错误也不是没有可能的。

最近,我遇到了一个不大不小的问题,也引发了很多对办学的思考。几个问题一直萦绕在我的脑海里:我们应该培养什么样的人才?如何培养人才?如何避免人才培养的方向性错误?

事情是这样的,今年4月份,我校有多名准毕业生准备参加某汽车集团会计岗位的招聘,招聘的题目如下:

招聘会计岗位顶岗实习面试题

一、自我介绍,包括家庭住址、学习情况、担任的职务。

二、假如你应聘到我单位的工作岗位,你会有什么收获?

三、你为什么来我公司应聘?

四、我公司生产什么车型?

五、如在我公司实习时间长了感到枯燥怎么办?

六、你有什么兴趣和特长?

七、你在学校遇到过最大的困难是什么?你是如何解决的?

八、你参加过什么学生社团?假期做过哪些兼职?

九、你会操作哪些计算机软件?

这份招聘面试题,着实让职校的教师大吃一惊,尤其是财会专业的教师们。大家都在反思:中职学校人才培养如何把专业学习、特长的发展和社会适应能力结合起来,加大职业素养教育的力度,以适应不断变化的市场和工作岗位的选择。从这份面试题来看,企业更加关注学生在校期间的职业与人文素养的养成,更加关注学生个体身心健全与全面发展,而不仅仅是专业技能,更不是导向中职学生考虑待遇问题。

我认为,职业教育活动要把"专业化、民主化、生命化"融入学校教育教学管理中,融入人才培养的过程中,打造"文化学校",彻底改变社会对职校学生"没文化"的负面认知。

所谓"专业化、民主化和生命化",就是在关注学生专业技能和专业知识的过程中,要更加注重民主化教育,以多元智能理论开发符合学生个体特征的校本课程,在协助孩子发现自身智能基础上让他们有选择自主发展的权利,并通过多元校本课程帮助其智能的最大化发展。此外,教育活动还要体现生命化过程,把提升学生人文素质、人格与道德品质的成长等看作是一件意义非凡的事情去做,为其终身发展奠定基础。

我想,这与郑永年先生对目前中国学校办学提出的改良药方是相一致的。

为了打造“文化学校”，为学生终身发展奠定基础，最近，我们紧锣密鼓地开发职业素养的校本教材，并且在体育课校本教材开发的基础上，以文化视野提出了“以舞养心、以舞育德、以舞树人”的校园文化建设思路。在课程改革中，学校体育教师以身体运动智能、音乐智能、人际智能等理论为指导，开发了几十套校本体育舞蹈教材，其中有多个校本教材已经实施并取得了满意的效果。我们通过体育课、艺术选修课等公共基础课、课间活动以及学前教育专业课、技能竞赛等多种平台和途径，在学生中大力普及教师自编的健康舞、团体操。通过这种规模性、群体性的健康舞大课间活动（已引入教师的课余生活中来），极大地培养师生对校园生活的热爱，对健康美的追求，在学生获得自信心和教师消除职业倦怠感，提高了师生的韵律感，锻炼了师生的健康体魄的同时，也在校园内营造了一种积极向上的团队文化氛围，在潜移默化中塑造师生良好的人生观、价值观。

我们通过把体育课教改经验上升到学生职业与人文素养养成以及文化视野的高度去发展和推广，充分发挥体育与艺术的育人功能，构建“文化学校”就有了良好的土壤与育人环境。

我校将在总结体艺教师团队建设经验的基础上，不断拓宽“专业化、民主化与生命化”战略思路，把学校建成师生的“学习共同体”，在大力开展专业建设的同时，以文化再造学校，构建人才培养的“黄埔职校模式”，不断提升学校的办学质量。人有成长，学校才有成长；学校的发展，无疑会促进人有更大的发展空间。

从上述意义上来讲，保卫社会，无疑也是在保卫我们自己，保卫我们学生的利益。

（本文撰写于2012年6月。）

从黄埔来

黄埔职校已经走过了46年的办学历程,但是有职业教育的历史也就30年左右。这30年的时间里,学校为黄埔乃至广州地区、珠江三角洲地区经济发展培养了一批又一批的专业人才,甚至不少毕业生已经成为行业中的佼佼者。这其中,就有数控专业毕业的两位年轻的小伙子——彭询凡和张炜同学。尽管他们没有惊天动地的事迹和成就,但就是因为他们的平凡成就了他们的不平凡———他们在自己的业界已经成为独当一面的专业人才。我们职业教育追求的培养目标恰恰就应该在平凡中培养不平凡。

如果真的要追寻为什么重点推介数控专业的毕业生?我想这是偶然中的必然。数控专业在我们学校规模不大,但人少志气大。专业组凭着团队刻苦耐劳与认真钻研的精神,在短短三年时间,已经取得了很多令人骄傲的成绩:两项广州市精品课程的立项,每年均能代表广州市中职学校进入广东省中职系列技能大赛的行列,2011年教师参加广州市教师数控专业技能竞赛荣获团体第一名,2013年参加广州市数控专业教师CAD设计大赛囊括全市前三名,多位教师获得广东省和广州市技术能手称号……成绩很多,我们有理由相信,最后在众多"从黄埔来"的职校毕业生中推荐了来自数控专业的学生,的确是实至名归的。数控专业培养学生不仅仅培养人的技术,更重要的是培养他一生受用的习惯和态度。也许正是因为长年累月坚持不懈每天课堂前十五分钟的教育训导,为学生今后的人生打下了良好的职业习惯和职业精神基础;也许正是因为专业教师基本上是临聘教师,他们更加珍惜自己的专业和岗位;也许正是因为数控专业的学生大多来自偏僻农村和经济条件不太好的家庭,穷人的孩子早当家;也许正是因为有一位勤于钻研、善于管理的专业带头人钟远明老师……这些都是原因,但是更重要的是数控专业有一个精诚合作、努力认真的数控专业教师团队。有人说,"有好的教师才有好的教育"。那么,是否能这样说:有好的教师团队,才会有好的学校教育?

只要坚持把职业技术和职业精神贯穿于人才培养的全过程,黄埔职校肯定能培养出一批又一批的彭询凡和张炜式的优秀学生。

培养更多"从黄埔来"的优秀学子,让黄埔职校更加出彩,让黄埔教育更有活力,我们都要加倍努力!

(为黄埔区教育局编辑《从黄埔来》所录入的两位学生本人所作"校长寄语")

(本文撰写于2012年6月。)

在春天里成长

——为学校《行知集》出版作序

四年又九个月，尽管岁月催人老，但工作却催人奋进。在黄埔职校近五年的任职时间里，让我看到了教育的希望。那是摆脱应试泥潭，彰显教育魅力，揭示教育本质的符合人性的教育模式、学习模式。校企合作、工学结合、学以致用，将知识和技术在实践中变成能力与生产力，在职业教育这里得到了最大化的实现。可以说，是职业教育给了我第二次教育生命，让我看到了作为教育工作者的价值与光荣。

这些年，学校在这样的发展模式下实现了一项又一项的新跨越：校企合作建立利益共同体，实现优质课程、优质技能、优质就业“三优”，以中德和联想合作为例。中德项目两个方向：汽车保养和影响，前期学校已投入250万进行场室改造和设备采购，投入十多万组织教师多次到省外和德国培训学习德国职业教育教学模式，学生学习德国本土课程、按照德国教育模式进行学习、考取德国职业资格证书、到国内德系车4S店就业等等。联想项目购买课程投入200万元，在校内用5年时间培养200名联想认证的LCSE工程师，进入联想集团服务体系工作。此外，19家高端企业的就业平台、第一所校外实训基地、电商专业成功申报省重点建设专业、两所三二分段高职院校的成功对接、四项课程被广州市教研室立项为精品课程、毕业班评估两年获得优秀奖，以订单培养和课程开发为载体的深度融合的校企合作、国家级与省级技能竞赛多次获奖、全国性乃至国际文化交流活动、市区学生运动会大放异彩……这五年多的时间里，学生就业、专业建设、课程改革、课题研发、订单培养、综合评估、技能竞赛、德育与体艺文化等的突破让我们全校员工看到了学校发展的希望和前途，增强了职业自豪感和自信心。

一项项成绩的背后，是以学校规范办学、精细化管理做强大支撑的。五年来，学校以德育建设为抓手，开展了一系列旨在改善学生行为养成、提升学生学习自信心的研究与实践。一是构建了一个核心：“三色”生活德育课程框架；两个立足点：职业素养课程和健康操课程改革；三个载体：实训教学和德育课改革、学生各类社团与实践活动，阳光体育活动，充分展示了有品格的德育带来了有品格学生的巨大作用。

一项项成绩的背后，是以教育科研唤醒职校教师课程改革的意识，并引领黄埔职校重新站在新的制高点上。

我想，自己个人与教师、学生、家长、学校一起成长，还有什么比这个来得更有意义呢？

（本文撰写于2015年7月。）

积极人生，从学习开始

——参加市积极心理学培训的感受

一连5天的继续教育——积极心理学课程学习在愉快和轻松的氛围中结束了。拿着手里刚刚获得的全勤奖花束，心里颇有感触。

培育积极心理，不仅仅源自自己内心的正念，而且，选择什么样的环境、选择什么样的周边人际关系、选择什么样的生活状态，也是必不可少的路径，这也许就是曾光、迟少丽、胡翔等几位老师反复期望大家创建"积极自我"的内涵。

在这里，我特别认可其中的"发挥优势比修补缺点更有效"的观点。因为这个观点从积极心理学的层面更加印证了多元智能理论的科学性。因此我也不得不提起在我十几年前读过的至今记忆还是很深刻的《多元智能教与学的策略》（美国坎贝尔等著，王成全译）一书里的一个片段。本书中，在讲到运动智能时，提到一个"波拉的舞蹈"的案例。说的是一年级孩子波拉因为被评定为学习障碍学生，一直到四年级，她都因为这个原因被安排在学校里的一个特殊教育班级里学习，也因此很少体验到学习的成功和快乐，因为她尽管已经上到六年级了，但她的拼写技能却只有二年级学生的程度。因为自尊心不断下降，她越来越不喜欢上学，有一天甚至躲在床底逃避上学。在上六年级前甚至试图自杀。为此她的父母内心很焦虑并提出让孩子回到正常班级中去体验学习的成功。恰好这个时候班里的一位富有同情心的老师关注到了波拉。她发现波拉非常有舞蹈天赋，于是，这位老师打破常规，让波拉用身体动作来展示26个字母以完成班里的作业。这让波拉非常感兴趣地去完成。就这样，在老师和同伴们的帮助下，波拉一周之内就从以跳舞来写作业逐步转向以书写来完成作业。四个月后，波拉就和其他同学一样，已经完全可以留在座位上完成自己的作业并在七年级进入一所中学后各门功课均高于平均分数。短短四个月的运动学习，靠着发挥她的天赋，改变了波拉对学校的经验和自我印象。这一切都是波拉的六年级教师充分发挥波拉的优势智能而实现的，而这又恰恰印证了积极心理学所倡导的"发挥积极优势比修补缺点更有效"的观点在改善人的自我效能、自我成长上的巨大价值。

实际上，每个人的生活里、在人生的每个阶段，我们都可能会遇到不同的挑战、困难、挫折甚至是失败，关键是我们要懂得掌握适当方式和方法去面对，而积极心理学恰恰就是为我们每个人打开了一扇应对问题的窗户，教会我们或者是积极的情绪，或者是调整心态，或者是挖掘自身优势，或者是认知解离，或者是积极构建成长型思维模式……

我想，只要我们用心去反思、去实践，这里面总有一个方法能帮助到我们，这就是积极心理学的魅力所在。

（本文撰写于2018年6月。）

第五章 守望幸福

让每个公民能平等且受尊重的接受教育，公平地享有教育权，是我们国家宪法所规定的。因而对特殊孩子进行教育，是我们教育不容回避的责任。

因为他们的存在，才能掂量出我们社会文明的程度；因为他们需要融入社会，才需要教育做出更加主动的努力和支持；因为他们的幸福，也属于幸福社会的一个重要组成部分。作为教育工作者，我们需要的是拿出足够的勇气和能力，在学校构建一个正常且公义的、没有歧视、无需怜悯的小环境，以这样的小环境逐步改善社会这个大环境。构建融合教育体系，让特殊孩子在回归社会、融入社会的路上得到更多的帮助与支持，在守望相助的环境中逐步走向正常的生活，这也是幸福教育应有之意。以下几篇文章，均为本人2014年4月参加由北京师范大学举办的广州市特殊教育学校校长高级研修班培训期间撰写而成。

在特殊学生中开展职业培训之我见

4 月的春天，在北京，一次富有意义的学习开始了。

在广州市教育局的大力推动筹措下，我们这批来自广州教育界的 42 名教育人带着共同的使命开始了在北京师范大学为期一个月的学习之旅。

经过一周紧张、系统地学习从美国特殊教育概况、我国特殊教育政策规划到融合教育下特殊学校职能转变等课程后，我们走进了北京宣武培智中心学校和西城培智中心学校分别进行了一天的影子培训。

4 月 10 日一大早，经过一个小时的车程，我们来到了北京宣武培智中心学校，学校校长康慨伶和她的团队热情接待了我们。接下来，我们就开始了紧张的听课活动。我见缝插针先后旁听了四堂综合课。第一堂课是“我的小车跑起来”。上课的班里有 7 个孩子。课堂上，主讲马薇老师清新可爱的话语一下子把一部分孩子的注意力集中了起来。孩子们有秩序地按照老师提出的要求学习儿歌、认识车轮，并在老师安排下进行了分组活动。由于班里每个孩子都存在不同程度的智力障碍，为了能够照顾其他有一定自理能力和学习动手能力的孩子，老师中段就开始分组进行活动。应该说，为了让孩子们学习认识形状、数量，和培养一定的动手拆装能力，该堂课的任课教师在整体教学流程设计上是比较合理的，课件和教具制作比较精美、背景音乐设计让人温馨舒服。动中有静、静中有动，较好地适应了孩子的智力与行为能力特点，也初步达成了教学目标。尽管个别重度智力障碍孩子无法伴随一起学习，但是课堂有序流畅、孩子情绪稳定、老师耐心和认真给我留下了深刻的印象。

接下来的其他三节课，都较好地根据孩子的年龄特点和智力状态开展教学，我也深深感动于老师的敬业和专注的工作态度。让我深受震撼的还是一堂没有刻意安排的脑瘫儿童的康复训练课。看着老师和家长对孩子的坚持不懈的训练，我不得不为之动容。说实在话，作为家长和老师，一直在为孩子每天做一两个小时的重复性康复训练，实在是枯燥乏味的事情。不要说就在狭小的空间进行训练，就是单调、重复的鼓励语言，也让人感到压抑。可是，为了孩子，老师和家长在漫长的一年时间里就这样坚持下来了，多么伟大的精神品质！尽管孩子与之前相比已经有了很大的进步，可是身体肌肉的萎缩也在同时跟孩子赛跑。孩子，你还得加油啊！

学校的各类功能场室也对我们全面开放，包括汽车美容、客房服务、超市的理货和盘点等职业技能培训对我们职业学校开展融合教育有较大的启发。最让我们一行感到惊叹的还是部分年长一些的智障孩子在厨房进行厨艺培训后制作出来的可口饭菜和点心。在我们品尝之余，深深感受到培智学校老师们的用心良苦。就是他们，和孩子父母一起，为大部分孩子们将来能独立面对生活的艰难甚至是独自生存撑起了一片天。

4 月 15 日上午，我们来到了北京西城培智中心学校。之前学校校长芦燕云女士已经为我们介绍了学校办学情况，为此我们就直奔主题，旁听了一节家用电器的综合课。最让我们感到钦佩的是学校教师团队积极开展教科研，开发了一整套开放式的、螺旋向上递进式开展认知学习的面向智障孩子的特殊教育教材。教材图文并茂、印制精美，更重要的是各年龄阶段知识递进式学习，受到不少广州特殊学校校长们的追捧。此外，学校能够结合部分智力较好的孩子开展缝纫培训，让孩子协助缝制辖区内的红领巾，为孩子们的将来锻炼一技之长，也是一件功德无量的事情。

两天的影子培训，虽然时间不长，但收获还是很多的。一是初步了解目前培智学校在职业教育培训方面的探索，二是在特殊人群中开展职业教育并不如我们想象中的那么难，但也不是那么容易。一方面，这里有一个普通学校教师逐步认识和了解的过程，另一方面，包括整个社会，主要是企业和普通孩子家长的认识也有一个循序渐进的过程。同时，政府也应积极为职业学校接受特殊人群做好各种准备，包括师资、简易康复设备和教具的配给，以及专业的指导，都是我们亟需要解决的问题。毕竟，当特殊孩子进入职校后，他(她)所面对的不仅仅是能帮助他(她)的老师和同学，他还必须面对许多现实的问题，包括交通安全、技能学习和应用、将来的就业等不可预知的问题。这些，都需要政府、教研部门、特殊学校和我们一起去解决，从而推动广州市融合教育的良性发展。

依法治教方能彰显公平

来到北京的第二天上午，我们就投入了紧张的学习之中。只是这次学习意义非凡，既是一次跨界的学习，是在自己的职业生涯中从未接触过的领域，也因为特殊孩子作为正常社会的特殊群体，需要我们正常人给予更多的帮助，所以我是带着一种高度的责任感、使命感和认真的心态参加这个为期一个月的广州市特殊教育校长高级研修班的学习的。

肖非教授讲了第一课，是“美国特殊教育”。肖教授从“制定法和判例法”“联邦特殊教育立法”“修正案”等概念入手，为我们较为详尽地介绍了美国特殊教育发展的概貌，并通过布朗案、米兰达案等案例，为我们介绍了特殊教育、个别化教育（IEP）、个别化家庭服务计划（IFSP）的内容以及《美国残疾人教育法修正案》（IDEA）的一些重要规定。

总的来看，国家严格按照法律平等地对待每个美国公民，这个法律确认的契约精神保证了美国特殊人群得到社会关注、接纳，也是美国特殊教育能够发展到目前这一成熟状态的法理基础。从这个意义上说，我们国家的特殊教育还在初级阶段。这一阶段，我们基层的教育工作者做了大量实实在在的工作构建和完善我们的特殊教育体系，为特殊群体和他们的家庭从困境中走出来，给予了极大的支持和帮助。但是，问题依然很多。主要是顶层设计和制度建设还需要不断完善和调整。

要让特殊教育的质量不断提高，要构建特殊教育成熟、长效的运行机制，除了各级政府的支持、从事特殊教育的专业和志愿人士做出大量积极有效的工作外，恐怕更要从法律层面确立特殊人群平等接受教育的权利，并从制度层面制定长效的具体实施细则，包括人员经费、教师编制、师资培训、资源教室建设、教科研等等。这才是破解我国一些教育问题的根本出路所在，也是改善我国特殊教育的现状、构建和谐社会的必由之路。

培育社会同情心，从大力宣传特殊教育开始

从北京宣武培智学校回来，我一直在思考一个问题：把特殊教育做好，其实最重要的是为特殊人群赢得社会尊重提供一个机会，为他们融入社会提供一扇窗口。从事特殊教育的行内教师一直认为，不要用同情的眼光来看待孩子，应该把孩子看成跟我们一样，这样的教育才是真正的教育。我不否认这个观点，但是特殊人群毕竟在身体或智力上与正常人有不一样的地方，这是客观存在的事实。而同情心和包容心肯定是我们作为人最起码的良知，也是我们初涉特殊教育这个行业的最原始反应。从这个意义上理解，目前在整个社会，除了少部分了解这项工作的人群外，不少人对特殊人群还是缺乏应有的同情心的。

我认为，尽管各级政府、特教同行做了大量实实在在的工作，关键的是整个中国社会都还不太理解特殊教育于社会进步的价值和意义，不懂得以同理心接纳特殊人群。所以，对特殊群体的社会的同情心、同理心是亟须在全社会培育的。

如何去培育？第一，加强随班就座的融合教育是目前一条可行之路。毕竟，普通学校尤其是职业学校开展融合教育，更多的是为了让不同程度残障的孩子能够正常生活，学会与普通人的正常沟通，同时也解决部分轻度残障人士就业的问题。从另一个角度看，融合教育其实也是在培育正常人善待特殊人群，并以乐于帮助他们为荣的良好社会心态和社会氛围，这也是一个正常社会应有的状态。第二，要善于利用舆论机器为特殊人群营造良好的社会氛围。政府部门和媒体要加大舆论的宣传力度，尤其是多制作公益广告做出呼吁并以此教育普通人群，多点正面报道帮助特殊群体的巨大意义，营造“帮助善待特殊人群为荣，歧视排斥特殊人群为耻”的舆论氛围。第三，应以普及科学常识的形式宣传特殊教育。建议大力宣传我国开展特殊教育的情况和取得成绩，这既能正面宣传各级政府落实社会公平，提升政府平等对待每一个社会成员的负责任形象，同时也有利于在全社会推动特殊教育的普及与发展。推动特殊教育的普及与发展，一方面有利于相关家庭懂得让残障孩子及早治疗与干预的重要性和了解如何获得合适的方法及早帮助自己的孩子，另一方面也有利于让普通学校的正常学生家长逐步接受、接纳随班就读和融合教育，最大限度地减轻普通学校（幼儿园）开展随班就读工作的社会压力。

大爱无痕

——为一名脑瘫孩子提供教育的管理案例

严同学是一位脑瘫疾病患者,2011 年进入我校计算机网络班随班就读。

根据我们的观察和对其家庭的了解,严同学属于脑瘫当中的手足徐动型患者,外观上体型不胖、全身有随意性动作,脸部表情怪异,肢体左右不对称。行动上,头颈控制比较差,自己不能控制自己的行动。此外,我们发现他的智力较好,性格外向,不害羞。但是口齿不清,语言表达能力较差,这是我们对他的外表观察。我们还从家庭走访中了解到,他的父亲严先生为了儿子,从小就没有少操过心。早期在广州华侨医院、中山三院、广州三九脑科医院进行药物、针灸、手术和康复治疗,为儿子的康复奔忙。严先生表示,他平时经常用手给儿子做手脚按摩,教导儿子要坚定信念,多努力,坚持不懈,不怕苦,要忍受痛苦,就有好转。所以,严同学进入我们学校后,也有着其他职校孩子不一样的地方,比较认真和吃得了苦。

经过慎重研究和考虑,我们提出了几条方案帮助严同学按时完成在黄埔职校的学业。

一是不动声色把 11 级计算机网络班的课室从五楼安排到一楼。二是为了让他能够比较方便地上洗手间,我们立刻安装了座式马桶,使他能及时处理自己的生活隐私。三是为了便于他放学回家,我们让他乘坐学校的下班车,把他送到转乘回家车辆的车站。

没有人去刻意问这是为什么？因为大家都心照不宣,为的是让孩子生活在一个包容的环境里。

刚开始,尽管我们包括班里的同学都在刻意回避这样一个事实:他是残疾人,希望让他像正常人那样读书生活。但是我们又都不得不面对这样一个现实,就是他不能控制自己的大小便,因为他随时失禁,班里经常充满着粪便的味道。为了这个原因,班主任陈利娟老师真的是煞费苦心,组织班里的同学一次一次帮助他清洗,并且每天检查提醒他多带一两条更换的裤子。

就这样,在没有痕迹的关心爱护下,严同学在这里度过了他的两年学习生活。2013 年的六月,学校又开始进行新一轮升大班的升学考试。尽管严同学是个脑瘫患者,可是,他考试的成绩却居申请入学成绩学生的前列。所有人都觉得不可思议。就这样,一个脑瘫患者以较好的成绩入选 11 级升大班,成为一名在高考场上与正常学生同台竞争的孩子。没有妒忌、没有歧视,只有钦佩和尊重。这一切都在没有痕迹中进行着。为了让严同学能够顺利考取理想学校,学校教务处根据他的个人成绩为他多方咨询高职院校,在得到广州市内几所高职院校的明确答复后,严同学郑重地制定了高考的目标:参加广州城市学院的自主招生考试,同时参加高职高考,报考番禺职业技术学院。目前,班里的语数英教师也对他的学习状态进行了定位,并为他的学习提出了改进的方法。作为校长,我相信严同学一定能够克服自身的缺陷,在人生路上能够走得更加幸福和快乐。

目前,学校里还有几个智障孩子随班就读,尽管难度不小,在师资、硬件环境等方面还需继续改善,但是从严同学参与随班就读后得到良好发展的事实表明,营造课堂的多样性,促进不同孩子之间学习如何互相理解、互相包容,培养所有孩子终身受益的良好品质是实现教育本质的最佳途径,同时也证明了适合的教育能为孩子的人生提供更好的发展机会。

大爱无痕。理解、关爱、同情特殊人群,从默默行动开始,这就是智慧的教育,也是大爱的教育。

后记

因道而德

“幸福”一词，在百度词条是这样解释的：幸福是指一个人自我价值得到满足而产生的喜悦，并希望一直保持现状的心理情绪。所以，从心理学层面来看，“幸福”其实就是一个人在群体中有没有归属感和价值感的问题。于笔者而言，能把自己30年坚守的东西，那些所学、所悟、所得、所行形成文字后出版发行，就是一种幸福之事，也期望从文字中能为读者提供一种可供借鉴的职业成长的模式：新手教师—优秀教师—教育管理者—学校管理者—职业培训者；可供分享的专业成长之路：深耕课堂—持续实践—学习培训—草根科研—总结反思。而让本人拥有更多力量和勇气之道，则是目前所从事的积极教育模式与体系的教学实践工作。

钟情德育，皆因有道而德。